U0876077

贵州财经大学教学质量与教学改革工程项目
——经济学本科人才培养的校企协同育人机制创新

绿色城镇化进程中经济财税人才培养的机制创新

杨爱君 著

科 学 出 版 社
北 京

内 容 简 介

本书关注当前财经类高校经济财税人才培养中存在的突出问题，结合绿色城镇化发展的实践，对财经类高校经济财税人才培养进行分析，探讨财经类高校的校企协同育人机制创新问题。

本书分为两篇，第一篇主要以财经类高校发展的实际情况为基本出发点，借鉴国外大学经验，准确描述当前财经类高校经济财税人才培养的状况；客观务实地分析和探讨财经类高校的校企协同育人面临的机遇和挑战。通过对校企协同育人发展中存在的突出问题进行调查分析，探讨其深层次原因，发现需要完善和加强之处，提出明确而富有操作性的对策。第二篇介绍了贵州财经大学经济财税人才校企协同育人的实践与探索。

本书可作为财经类专业学生的学习用书，也可作为教育改革者的参考书。

图书在版编目（CIP）数据

绿色城镇化进程中经济财税人才培养的机制创新/杨爱君著. —北京：科学出版社，2018.3

ISBN 978-7-03-056770-3

Ⅰ. ①绿… Ⅱ. ①杨… Ⅲ. ①经济学-人才培养-研究-中国 Ⅳ. ①F0

中国版本图书馆 CIP 数据核字（2018）第 046895 号

责任编辑：宋 芳 袁星星 / 责任校对：刘玉靖

责任印制：吕春珉 / 封面设计：东方人华平面设计部

科学出版社 出版

北京东黄城根北街 16 号

邮政编码：100717

http://www.sciencep.com

北京京华虎彩印刷有限公司 印刷

科学出版社发行 各地新华书店经销

*

2018 年 3 月第 一 版 开本：B5（720×1000）

2018 年 3 月第一次印刷 印张：10

字数：198 000

定价：58.00 元

（如有印装质量问题，我社负责调换〈京华虎彩〉）

销售部电话 010-62136230 编辑部电话 010-62138978-2047

版权所有，侵权必究

举报电话：010-64030229；010-64034315；13501151303

前　言

建设美丽中国，必须坚定不移地走集约、智能、绿色的新型城镇化道路。绿色城镇化，是新型城镇化的重要内容和特征，集中体现全面协调可持续的科学发展理念。绿色城镇化的核心是人的城镇化，人的城镇化涉及农村劳动力转移和农村人口市民化等问题。城乡劳动力素质的提高要依靠教育，特别是高等教育。高校是人才资源、科技生产力和创新驱动力的重要结合点，在绿色城镇化发展中具有举足轻重的地位。高校积极主动地为地方经济建设服务，不仅可以满足经济发展的需要，也是高校在社会发展中赢得生存和发展空间的需要。

经过多年的发展，我国已经建立了以学位教育为主体的经济财税人才培养体系，为各个领域输送了众多高素质人才。但是在发展过程中也带来了一些负面效应，很多高校还存在着办学理念不清晰、重学术轻应用、趋同化现象明显等问题。高校产业融合度低，与地方经济社会发展实际相脱节，发展空间有限，导致大量毕业生结构性失业，不能很好地服务于绿色城镇化。

在高等教育的传统观念中，学术型高等教育长期占据主导地位。校企协同育人机制的建立和完善，将进一步突出我国高校的办学特色，并充分激发高校“办出特色、争创一流”的动力与活力。财经类高校传统办学思维方式和培养模式已经不能满足地方城镇经济发展对人才的需要，财经类高校人才培养模式改革是绿色城镇化发展的迫切要求。

作为高校教师，作者深切体会到同绿色城镇化发展的新要求相比，经济财税人才培养机制还存在一些问题，财经类高校与企业协同育人机制不够完善。人才培养体制改革的重点是建立政产学研合作育人、全社会支持和参与高校人才培养的新机制。作者写作本书的目的是探索积极稳妥地推进校企协同育人创新机制发展，优化高等教育资源配置，根据地区经济发展对人才的实际需要，加强校企协同育人机制建设。要解决人才培养与绿色城镇化的需求不相适应的问题，必须遵循高等教育发展规律和人才培养规律。

作者在撰写本书的过程中，得到了贵州财经大学经济学院、徐艺院长和实践办公室贺红兵的支持，在此一并表示衷心感谢。

由于作者水平有限，加之时间仓促，书中疏漏之处在所难免，敬请各位读者批评指正。

作　者
2017年10月

目　录

第一篇　理论基础

第二篇 实践探索

第一篇　理 论 基 础

第1章　绪　　论

城镇化是社会进步的标志，也是经济社会发展的必然趋势。党的十八届三中全会明确提出："坚持走中国特色新型城镇化道路，推进以人为核心的城镇化，推动大中小城市和小城镇协调发展、产业和城镇融合发展，促进城镇化和新农村建设协调推进。"新型城镇化重要内涵之一就是"生态文明，绿色低碳"，即所谓的绿色城镇化。绿色城镇化需要更多具备城镇建设和社会管理才能而又务实高效的实用型人才，而负责培养实用型人才的应用型高等院校承担着人才支撑的重任。本书立足绿色城镇化对财经类高校的新要求，分析财经类高校的现状，探讨积极稳妥地推进财经类高校经济财税人才培养的机制创新方案，提高财经类高校为绿色城镇化建设服务的能力。

1.1　研究背景与问题的提出

我国正处于城镇化的快速发展时期，高等教育在推动新型城镇化、加快发展城乡经济的过程中，发挥着人才支撑的作用。高等教育要根据社会经济发展需求不断调整发展方向，加强高等教育对经济的服务功能。如何适应新型城镇化建设要求，深化高等教育领域改革，创新人才培养机制，提高教育质量，不断完善服务城乡发展的高等教育结构体系，已成为我国高等教育发展面临的重大挑战。2010年国务院颁布的《国家中长期教育改革和发展规划纲要（2010—2020年）》（以下简称《国家教育发展规划纲要》）指出，坚持以人为本、全面实施素质教育是教育改革发展的战略主题，其核心是解决好培养什么人、怎样培养人的重大问题，重点是面向全体学生、促进学生全面发展，着力提高学生服务国家服务人民的社会责任感、勇于探索的创新精神和善于解决问题的实践能力。《国家教育发展规划纲要》提出"创立高校与科研院所、行业、企业联合培养人才的新机制"。教育部颁布的《关于全面提高高等教育质量的若干意见》也明确提出"以体制机制改革为重点"，探索建立校所协同、校企（行业）协同的人才培养模式。校企协同育人的前提是合作，落脚点是人才培养。财经类高校秉承校企合作、产教融合的发展理念，依托校企合作与就业指导中心、教学单位、科研院所等部门，加强与政府、行业、企业合作，探索出"政校行企协同，学产服用一体"的办学模式，形成校企合作治理结构，共同推进高等院校校企合作工作。

1.2　研究目的和意义

我国高等教育进入大众化教育阶段。教育部（2016）发布的《2015 年全国教育事业发展统计公报》指出，全国各类高等教育在学总规模达到 3647 万人，高等教育毛入学率达到 40.0%。高等教育发展总体上处于稳定增长态势。但是，高等教育大众化的快速推进也带来了大学生就业难的问题，高校毕业生就业问题逐年严峻。2016 年，应届大学毕业生达到 756 万人，而在大学毕业生面临着严重的就业压力时，许多企业也面临找不到生产管理一线的高素质应用型人才的难题。这种现象虽然是多种因素造成的，但是许多高校培养的人才与社会需求脱节是重要原因之一。我国要成为经济强国，必须有强大的实体经济，高等教育发挥着人才支撑的关键作用。服务地方经济发展，推进教育教学改革，全面提升高校育人质量，必须创新高校的校企协同育人培养机制。校企协同育人机制创新发展，一方面，高校能体现和实现自身价值，使学生学有所教和学有所用，获得生存和发展的空间。另一方面，高校提供的高素质劳动力，为经济发展提供了高素质的人才保障，能够满足经济社会发展需要。只有不断完善和创新校企协同育人体系，才能提升我国科技创新能力，提升我国企业的核心竞争力，提升国家经济持续发展能力和综合国力。

通过分析财经类高校经济财税人才培养的现状，探讨财经类高校在校企协同育人过程中呈现的特点及存在的突出问题，分析其深层次原因，完善和进一步创新校企协同育人机制，才能为更好地支撑绿色城镇化发展提供具体的、可操作性的对策。

1.3　研 究 方 案

1.3.1　研究对象及主要内容

1. 研究对象

结合绿色城镇化发展的实践，关注当前财经类高校经济财税人才培养中存在的突出问题，并对其进行分析，创新和完善校企协同育人机制，以培养出适应地方经济社会发展需要，掌握经济规律和经济理论又能用理论指导经济活动，具有较强的分析和解决实际问题的能力，服务于生产、经营、管理和服务一线的高素质应用型人才。

2. 研究的主要内容

1）以财经类高校发展的实际情况为基本出发点，借鉴国外大学发展经验和高等教育发展理论，准确描述当前财经类高校经济财税人才的培养现状。

2）客观务实地分析和探讨财经类高校在校企协同育人过程中面临的机遇和挑战，通过调查分析高校校企协同育人发展存在的突出问题，探讨问题产生的深层次原因，发现需要完善和加强之处。

3）从大学培养机制、课程内容及教学模式等方面，针对上述问题开展实证研究，为完善和创新高校的校企协同育人机制，服务绿色城镇化发展提出明确而富有操作性的对策和建议。

1.3.2 研究思路和研究方法

研究按照“分析现实经济现象→提出问题→理论解释→政策研究”的思路展开。

研究方法采用主流经济学分析框架，对比国内外高等教育发展理论，通过实际调研、社会网络的统计，分析和研究财经类高校的校企协同育人机制面临的机遇和挑战，通过实证研究方法和多学科研究方法，结合校企协同育人机制现状，分析财经类高校经济财税人才培养现状，创新和完善高校的校企协同育人机制。

本章小结

本章着重说明了本书的研究背景、问题、研究目的和意义，以及研究思路和研究内容，并指出经济财税人才的培养要以绿色城镇化需求为导向，培养学生的就业和创业能力。财经类高校对传统高等教育的教学系统应进行变革，以促进人才培养质量的提升。

第2章　理论基础及文献回顾

城镇化（urbanization）也称城市化，是一个历史范畴，也是一个非常综合的概念。2001年，《中华人民共和国国民经济和社会发展第十个五年计划纲要》首次提出“要不失时机地实施城镇化战略”，正式采用了“城镇化”一词。关于城镇化的概念，具有代表性的观点是城镇化是由传统农业社会（农业人口占很大比重）向现代文明社会（农业人口比重较小，非农业人口占多数）转变的历史过程。城镇化表现为因剩余农村人口向城镇转移，农村劳动力职业发生改变，而引起的生产方式与生活方式的改变；城镇人口和城市数量的增加，城市文明、城市生活方式的扩散和传播。

2.1　绿色城镇化发展的理论综述

2.1.1　国外研究综述

城镇化是一种社会历史现象，既是物质文明进步的体现，也是精神文明前进的动力。国外学者对城镇化及其模式的研究较早，并且进行了大量研究。马克思和恩格斯提出，“城镇化是现代化的一个特征”。特别是工业革命以后，随着科技的发展、工业水平的提高，城市战胜了乡村，这也是最初英国等欧洲国家城镇化的开端。早在20世纪20年代以前，国外学者对城镇化的研究就很注重城市与环境的关系。学术界把这段时间看作绿色城镇化的萌芽期。英国学者埃比尼泽·霍华德（Ebenezer Howard）和苏格兰城市规划理论家帕特里克·格迪斯（Patrick Geddes）做出了杰出的贡献。1898年，霍华德（2000）在其著作《明日的田园城市》中提出了建设田园城市的设想。霍华德的《明日的田园城市》基于对城乡优缺点的分析，以及在此基础上形成的城乡之间“有意义的组合”，提出了用城乡一体化这种新的社会结构形态来取代城乡分离的旧的社会结构形态，将生动活泼的城市生活优点和自然优美的乡村环境结合起来，从而建立田园城市的设想。“田园城市理论”对于世界各国的城市规划建设产生了深远而重大的影响，被誉为“现代城市规划的开端”。格迪斯（2012）继承了霍华德的设想，在著作《进化中的城市——城市规划与城市研究导论》中提出城镇化要符合自然，应当依照生态原理实现城市的发展。

20 世纪 20～80 年代，是生态城市理论的形成时期。人们逐渐把生态学的研究引入城镇化。随着时间的推移，这一思想变得更加系统，最后发展为城市生态学。1933 年，国际现代建筑协会（Congress International d'Architecture Modern，CIAM）制定了《雅典宪章》（又称《城市规划大纲》），提到“城市的扩张不断吞噬着风景优美的周边绿色地带，人们离自然越来越远，公众健康进一步遭到威胁；城市扩张剥夺了人们身心受到滋养的权利”。这是第一次在政策中提出“把自然引入城市”的设想。《雅典宪章》沿袭了生态思路，集中反映了法国勒·柯布西耶（Le Corbusier）的观点。柯布西耶是《雅典宪章》的起草人之一，是 20 世纪建筑界和城市规划界最有影响的人物之一，被称为现代城市规划理论的奠基人。他提出，城市要与其周围影响地区成为一个整体来研究。美国建筑师弗兰克·劳埃德·赖特（Frank Lloyd Wright）在 1935 年发表的《广亩城市：一个新的社区规划》中充分反映了他倡导的美国化的规划思想，他主张否定大城市，确立人的个性，强调有大量的绿化空间的“理想城市”。1938 年，美国著名的城市理论家、社会哲学家刘易斯·芒福德（Lewis Mumford）的《城市发展史》着重从人文科学的角度系统地阐述了城市的起源和发展，并展望了远景。内容包括史前时代的城市，城市在美索不达米亚的诞生，古埃及城市，古希腊-古罗马城市，中世纪的基督教、巴洛克和商业城市，近代和现代工业城市。他提出“有机规划并不是一开始就有一个预先定下的发展目标，它是从需要出发，随机而遇，按需要进行建设，不断地修正，以适应需要，这样就日益变成连贯而有目的性，以致能产生一个最后的复杂的设计，这个设计和谐而统一，不次于事先制订的几何图案”。他强调城市规划的主导思想应重视各种人文因素，从而促使欧洲的城市设计重新确定方向。芒福德把《雅典宪章》的思想总结为“居住区被设计在城市最好的位置，但不与城市主要交通干道相邻，满足光照要求。现代科技将运用在高层公寓的建设中，保留大面积的公共绿地”。并且，居住区和工业区之间应隔着运动场或者绿化带，根据道路交通设置道路标准，保护意义重大的、历史性的建筑，这些思想都很符合当前绿色城镇化的要求。芒福德的贡献和影响远远超出城市研究和城市规划的领域，而深入到哲学、历史、社会、文化等诸多方面。1952 年，美国学者帕克（Park）在《城市与人类生态学》的著作中提出创建城市生态学，通过关注城市环境，完善城市与人类生态学思想体系，促进城市生态学体系的形成。除此以外，蕾切尔·卡森（Rachel Carson）（2015）的《寂静的春天》和罗马俱乐部的《增长的极限》这两本著作也反映了人们从生态学角度对人类居住生态环境的关注。1972 年，《联合国人类环境宣言》指出：“人的定居和城市化工作必须加以规划，以避免对环境的不良影响，并为大家取得社会、经济和环境三方面的最大利益。”1977 年，贝里（Berry）在其著作《当代城市生态学》中系统论述了城市生态学的起源、基础和未来的发展，这为城市生态学的研究打下了良好的基础。这一阶段引入的生态学思想为发展绿色城镇化研究奠定了理论基础。

20世纪80年代以后，生态研究成为城镇化的核心问题之一，特别是90年代，绿色发展成为一种主流，涉及城市的绿色规划，并不断渗透到绿色生产、绿色生活、绿色交通、绿色文化等方面。1981年，苏联城市生态学家亚尼茨基（Yanistky）立足于城市的绿色发展和"人"，提出从"技术与自然充分融合、人的创造力和生产力得到最大限度发挥、居民的身心健康和环境质量得到最大限度保护"这几个方面构建生态城市。1987年，美国的生态学家理查德·雷吉斯特（Richard Register）出版的《生态城市伯克利：为一个健康的未来建设城市》一书呈现了注重自然、节约、环保的城镇化发展理念。而1996年的《生态城市原则》，则通过具体细致的规定，体现出了绿色、环保的思想。Hiroaki Suzuki等著的《生态经济城市》，认为城镇化是发展中国家21世纪的一个标志性特征。90%的城市增长发生在发展中国家，2001～2030年，发展中国家的城市建设规模计划要翻3倍。全球性的城市扩展给城市、国家和国际发展组织带来了根本性的挑战和机遇。它提出了要在规划、发展、建造和管理城市的同时更注重生态方面和经济方面的可持续性。我们必须尽快地用一种可持续性和更强有力的方式去影响城镇化的发展轨迹。我们今天所共同做出的决定对当代人们和子孙后代都具有深远的意义。多米尼斯基（Dominski）于1993年提出城市发展应遵循的"3R"原则，即减少物质消费（reduce）、重新利用（reuse）、循环回收（recycle），这里的绿色思想不言而喻。马修·卡恩（Mattew Kahn）在《绿色城市：城市发展与环境》一书中提出"绿化城市消费"的概念，他在"收入增长和城市环境：市场的力量"一章中，通过对美国绿色城镇化建设的分析，把"绿色"认定为一种需求。由亚洲开发银行、国家发展和改革委员会城市和小城镇改革发展中心联合发布的报告《2012年亚太地区关键指标——亚洲的绿色城市化》，阐述了绿色城镇化的内涵，并对绿色城镇化提出了相应的建议，报告对绿色城镇化做了这样的界定："推进绿色城镇化是推进高效、包容、可持续城镇化非常重要的一个方面。"国外城市发展理论的关注点还有城市发展轨迹及其与经济增长之间的关系。佩鲁（Perroux）和布代维尔（Boudeville）相继提出了"增长极理论"。20世纪80年代，Leo van den Berg出版的*Urban Europe: A Study of Growth and Decline*对各国城镇化各阶段进行划分，对经济发展与转型中发达国家城镇化模式进行了较为系统的研究。还有一些学者侧重于城镇化的社会、经济、政策等方面的分析。巴顿（Patton）指出应系统地运用经济学的原理去解决城市的各种重大问题，尤其需要发展空间经济分析方法，并以成本效益分析等新的方法对城市经济问题进行研究。国外学者对城镇化及其演变研究理论与研究方法对中国城镇化理论研究产生了重要的影响，这些有关城镇化的著作，对绿色城镇化理论研究提供了可借鉴的理论观点和研究资料。

2.1.2　国内研究综述

作为世界四大文明古国之一的中国，在城市发展方面有着辉煌的历史，城市也体现着自身浓厚的特色。早在 12 世纪，北宋张择端的《清明上河图》就展现了中国商业城市开封的繁荣与兴盛。从 19 世纪下半叶到 20 世纪中叶，由于受到西方列强的侵略，以及受到军阀割据的困扰，我国城镇化的发展十分不均衡，有些地区，如上海等城市迅速扩张，另一些地区则完全处在工业化进程之外。中国城市发展的进程十分曲折、反复。中华人民共和国成立以后，城市布局有了比较明确的规划。1949～1978 年，是我国城镇化道路不断探索的时期。当时国内为了改变落后的局面而优先发展工业，城镇化并未受到太多关注。20 世纪 50 年代中期以后，国内建立了城乡二元分割的社会结构，使我国的城镇化长期处于停滞状态。

改革开放以后，我国经济突飞猛进，社会发展迅猛，不管是生活环境还是生活条件都发生了巨大改变，人口从农村向城市的流动呈现一种爆发的态势。这一时期，国内学者对于城镇化理论的各个方面进行了激烈且分散的探讨。辜胜阻（1993）在进一步研究非农化与城镇化种种问题的基础上，出版了《非农化及城镇化理论与实践》一书，探讨了中国非农化、城镇化的实证研究与对策。从城镇化发展与城市聚集的角度出发，施岳群和庄金锋（2007）主编的《城镇化中的都市圈发展战略研究》主要研究城镇化中的都市圈发展。从城镇化与经济的可持续发展的角度出发，成德宁（2000）的《城镇化与经济发展研究》，着重从城镇化的本质入手，分析了推动城镇化发展的力量源泉。他还研究了城镇化发展促进经济的发展，知识经济对未来城镇化的影响，城镇化与分工及经济发展内在联系，中国城镇化存在的问题与对策等几个方面的内容。从城镇化与经济可持续发展的角度出发，陈永国（2005）在《新型工业化与新型城市化协调推进的逻辑》中指出新型城镇化强调城市经济的可持续发展，要求新型工业化应注重延伸拓宽产业链。从城镇化发展与城乡关系的角度出发，“新农村人居环境与村庄规划”丛书中，浦善新（2006）的《走向城镇化：新农村建设的时代背景》系统介绍了城镇的本质内涵、动力机制、基本规律，回顾了中外城镇化的经验教训，展望了 21 世纪中国城镇化发展趋势。关于城镇化，已经抛弃了以前关于城镇化就是人口城镇化这一观点。城镇化的本质更应该是产业结构转变、消费水平不断提高、城市文明不断发展并向广大农村渗透和传播、人的整体素质不断提高、农村人口城镇化和城市现代化统筹发展的过程。国内学者对城镇化发展与城市的聚集、城市规划、新型城镇化与经济的可持续发展、新型城镇化发展与城乡关系等方面问题进行了探讨。

20 世纪 90 年代，国内出现了“生态城市”“可持续发展”“新型城镇化”等概念，引起了国人的注意，引发了我国各界学者的激烈讨论。生态城市是联合国教育、科学及文化组织（以下简称联合国教科文组织）发起的“人与生物圈计划（man and the biosphere programme，MAB）”研究过程中提出的一个概念，是城市生态化发展的结果，是社会和谐、经济高效、生态良性循环的人类居住形式，是自然、城市与人融合为一个有机整体所形成的互惠共生的结构。简而言之，生态城市是一类生态健康的城市。黄肇义和杨东援（2001）的《国内外生态城市理论研究综述》把生态城市定义为：“全球或区域生态系统中分享其公平承载能力份额的可持续子系统，它是基于生态学原理建立的自然和谐、社会公平和经济高效的复合系统，更是具有自身人文特色的自然与人工协调、人与人之间和谐的理想人居环境。”王祥荣（2001）在《论生态城市建设的理论途径与措施——以上海为例》中，对中外城市的建设和发展方面的共性、特点、差异进行比较分析，最终得出我国生态规划、设计和发展的具体方案。他还研究了几个国家具体的生态城市的策划、设计、经验和教训，列举了我国不同省份的实际问题，通过实例分析和对比研究，不断挖掘生态城市的发展方向。王如松（2001）提出了“天城合一”的生态城建设思想，并在《系统化、自然化、经济化、人性化——城市人居环境规划方法的生态转型》一文中提出：“生态资产、生态健康和生态服务功能是当前城市生态系统研究的热点。”马世骏和王如松（1984）提出“社会—经济—自然复合生态系统”的理论，并指明社会就是这样一个系统。这一时期，很多学者对中国城镇化进行了广泛而深入的研究，认为城市的基本功能既包括经济功能——为社会提供大量的物质和信息，还包括生态功能——为市民创造良好的生活环境和便利的工作条件。经济发展导致城市人口、物质、能量的大量集结，容易引起生态关系失调，降低城市环境质量；但单纯地追求和谐的生态关系及良好的自然环境，也会影响经济的发展，降低本来可以达到的经济效益。如何使两者协调发展，是现代城市生态工作中的主要研究课题之一。

与研究生态城市的学者相比，研究绿色城镇化的学者要相对较少。我国在绿色城镇化的研究和实践方面起步较晚，直到“九五”计划时期才逐步重视绿色城镇的建设。初期，国家以零星试点的方式进行绿色城镇化的相关实践，随着生态环境问题日益严重，国内学者对可持续发展越来越关注，绿色城市理论的研究与实践随之蓬勃开展。国家以生态环境保护为专题，批准一批试点项目城市开展绿色城镇化建设，通过以点带面的方式促进带动其他城市开展绿色城镇化建设。值得注意的是，我国创新性地提出了“中国绿色生态省”的建设，截至 2006 年，中国已有海南、吉林、黑龙江、福建、江苏、浙江、山东、广西、安徽、四川等 15 个省、自治区开展了绿色生态省建设，150 多个市（县、区）开展了生态市（县、区）创建工作。2007 年，国务院批准湖南长株潭城市群和湖北武汉市作为建设资源节约型、环境友好型社会（简称“两型”社会）综合配套改革实验区。截至 2012 年 4 月 20 日，我国共创建了 83 个国家环保模范城市。2012 年 11 月，国家发展和改革委员会（以下简称发改委）确定了包括北京、上海、海南和石家庄等 29 个城市和省区为我国第二批低碳试点。国家“十二五”科技发展规划重点以民生科技作为发展的核心技术，更加注重有环境质量的城镇化。经过多年的实践总结，各省依据自身发展特点，着力打造特色鲜明的绿色城镇化道路。目前，国家和学者越来越关注绿色城镇化相关的理论研究和实践。与绿色城镇化相关的文件分别有《2012 年亚太地区关键指标——亚洲的绿色城市化》《中华人民共和国大气污染防治法》《绿色建筑行动方案》《节能减排“十二五”规划》《国家新型城镇化规划（2014—2020 年）》等，这些文件从政策方面保证了我国绿色城镇化政策的实施。在中国知网中搜索“城镇化”“绿色城镇化”关键词会出现上万条文献结果，其中，硕士论文和博士论文的所占比例较大，这些相关研究包括“绿色小城镇”“生态城镇”“绿色村镇住宅”“基于绿色基础设施理论的某方面研究”“绿色建筑”等，但真正提出“绿色城镇化”概念的文献较少，大多数是在 2012 年前后出现的。刘传江（2004）的《城镇化与城乡可持续发展》一书从理论、实践、体制、战略、政策等方面分析了当今中国农村城镇化的发展机制、模式、进程等，并从产业结构、发展要求、全球化等大背景下探讨其可持续发展的战略、政策。牛文元（2009）的《中国新型城市化报告 2009》提出了与传统城镇化有别的新型城镇化，新型城镇化过程中，居民居住空间的转移并不是第一位的，而是经济生活的改善和生活质量的提高。中国社会科学院的魏后凯和张燕（2011）在《全面推进中国城镇化绿色转型的思路与举措》中提出“‘资源节约、低碳减排、环境友好、经济高效’的绿色城镇化”。绿色城镇化的实现离不开生态城市的策划、研究、设计和发展，绿色城镇化建设包括生态城市、绿色出行、低碳生活、环境治理和绿色建筑等子系统，绿色城镇化是摒弃粗放型经济增长方式，淘汰不科学、不平衡、不协调的发展方式的城镇化，追求科学、生态、绿色、低碳、环保、可持续的城镇化。不同于以高消耗、高排放、高扩张为特征的粗放型城镇化模式，绿色城镇化具有低消耗、低排放、高效有序的基本特征，是一种城镇集约开发与绿色发展相结合，城镇人口、经济与资源、环境相协调，资源节约、低碳减排、环境友好、经济高效的新型城镇化模式，集中体现全面协调可持续的科学发展理念。其中，资源节约与低碳减排是绿色城镇化的具体推进方式，环境友好与经济高效是绿色城镇化的预期效果。

2.2　校企协同育人的理论综述

绿色城镇化发展对人才的培养提出更高的要求，高校、企业和科研院所通过校企合作，使参与人才培养的各方相互作用、合理制约，从而实现绿色城镇化与人才培养的良性循环。校企合作是培养高素质应用型人才的必由之路，也是应用型高校生存和发展的内在需要。但在校企合作实际运作的过程中，稳定、长效的合作机制尚未构建，校企合作仍然停留在大学建立实践实训基地开展实践性活动或企业为学校学生提供短期实习机会的浅层次合作上。校企协同开展教育活动，联合对学生有影响的各种社会机构力量，提高高等教育的效率和效益。构建基于协同理念的校企协同育人机制，改变单一知识传授模式，寻求更多合作机构和学习资源，明确责任主体与利益分享机制，实现校企双方的深层次合作。校企协同是更全面深入、更稳定和更长效的校企合作。

2.2.1　国外研究综述

不同教育模式的出现、产生与运用，都有其相应理论作为基础和支撑。高等院校育人模式，是在马克思主义教育与生产劳动相结合理论、舒尔茨（Schultz）和贝克尔（Becker）的人力资本理论、普费弗（Pfeffer）和萨兰西克（Salancik）的资源依赖理论、哈肯（Haken）的协同论等理论指导下不断演进的。

1. 教育与生产劳动相结合理论

马克思在《资本论》中曾提到，教育与生产劳动相结合，“它不仅是提高社会生产的一种方法，而且是造就全面发展的人的唯一方法”，是“改造现代社会的最强有力的手段之一”。也就是说，教育必须与社会实践相结合，与生产劳动相结合。教育与生产劳动相结合是马克思主义教育学说的基本原则，马克思主义的科学论断充分说明了教育与生产劳动相结合的重要性和必要性。校企合作的本质就是教育与生产劳动相结合。根据绿色城镇化发展的要求，高等院校要采取校企协同育人的模式，加强与企业的联系，从而与企业合作培养实用型人才和熟练劳动者。

2. 人力资本理论

20 世纪 60 年代，美国经济学家舒尔茨和贝克尔创立了人力资本理论，开辟了关于人类生产能力的崭新思路。该理论认为人力资本是体现在人身上的资本，即对生产者进行教育、职业培训等支出及其在接受教育时的机会成本等的总和，表现为蕴含于人身上的各种生产知识、劳动与管理技能及健康素质的存量总和。

根据企业发展战略的要求，通过有计划地对人力资源进行优化配置，激发员工的积极性和创造性，提高生产率和经济效益，推动企业发展，是人力资本管理的主要任务。在资本要素（物质、货币、人力）的相对关系中，人力的重要性不断提高，并日益成为推动经济增长的核心因素。其基本观点是，通过对人进行投资，来增强企业自身素质的能力。这种对人的投资，包括与学校一起培养企业所需要的毕业生、进行企业职工的在职培训等。除了培养自然科学、工程技术人才外，还要重视经济管理科学人才的培养，因为经营管理是企业发展的关键，对国家经济发展的作用也同样重要。一方面，企业积极主动与高等院校合作，与学校共同培养高素质人才，以增加企业的发展潜力与后劲。另一方面，高等院校由于教育经费与生源竞争产生的压力，希望和企业合作以获得支持也就成为一种必然趋势。高等院校走向社会大市场，而校企合作则成为产业部门和教育部门适应社会变革的一种理性选择，企业与学校鉴于双方的利益而最终促成校企合作。

3. 资源依赖理论

资源依赖理论的代表人物是普费弗和萨兰西克。该理论认为组织是一个开放的系统，是不同利益群体组成的联合体。每个利益群体都有自己独特的偏好和目标，并试图从组织内的互动及组织与环境的互动中完成自己的目标，取得利益。任何组织不可能持有赖以生存和发展所需要的全部资源，以实现自我供给下的生存和发展。为了生存的需要，组织不得不从外部环境中引进、吸收、转换各种资源，包括人力资源、财力资源、顾客及技术和物资投入等，形成了组织间的资源相互依赖的关系网络。事实上，校企合作的根本动因是高等院校与企业双方优势资源的互补，互补的不仅可以是双方的物质资源，也可以是文化、精神和制度资源。高等院校与企业各自核心竞争优势的获得使组织间异质性资源交换和整合的需求加强，校企联盟形成的可能性增大；校企之间资源交换的成本越小，双方的收益越大。因此合作双方倾向于选择能够提高组织的有效性，增强组织开发、取得并保持稀缺资源的能力，降低交易成本的措施进行合作，如订单式培养、基地共建、设备共享、顶岗实习等。

4. 协同论

协同论是 20 世纪 70 年代以来在多学科研究基础上逐渐形成和发展起来的一门新兴学科，是系统科学的重要分支理论。其创立者是斯图加特大学教授、著名物理学家哈肯。他在 1971 年提出协同的概念，1976 年系统地论述了协同理论，发表了《协同学导论》，还著有《高等协同学》等。从协同论的应用范围来看，它正广泛应用于各种不同系统的自组织现象的分析、建模、预测及决策等过程中。

协同论作为一门以研究完全不同学科中共同存在的本质特征为目的的系统理论，具有普遍适用性。正是由于这种普遍适用性，将协同论引入经济管理研究，为其提供了新的思维模式和理论视角。协同论的自组织原理认为：任何系统如果缺乏与外界环境进行物质、能量和信息的交流，其本身就会处于孤立或封闭状态。在这种封闭状态下，无论系统初始状态如何，最终其内部的任何有序结构都将被破坏，呈现一片“死寂”的景象。因此，系统只有与外界通过不断的物质、信息和能量交流，才能维持其生命，使系统向有序化方向发展。校企协同育人系统是一个复杂性的开放系统，因为它通过不断地接受各种信息，并经过加工整理后，将管理对象所需的信息输出。管理系统就是在不断地接收和输出信息的过程中向有序化方向完善和发展的。由协同论可知，系统能否发挥协同效应是由系统内部各子系统或组分的协同作用决定的，协同得好，系统的整体性功能就好。如果校企协同育人系统内部，政府、企业、高等院校等各子系统内部及它们之间可以相互协调配合，共同围绕目标齐心协力地运作，就能产生“1+1>2”的协同效应。反之，如果一个管理系统内部相互掣肘、离散、冲突或摩擦，就会造成整个管理系统的内耗增加，系统内各子系统难以发挥其应有的作用，致使整个系统处于一种混乱无序的状态。绿色城镇化的推进，对经济财税人才培养提出了更高的要求。在这样的背景下，除了协同好高等院校内部之间的关系之外，还需协同一切可以协同的力量来弥补自身的不足，提高自身的竞争优势。

2.2.2　国内研究综述

校企合作在国内从提出到现在已有 20 多年，其概念和意义在早期的文章中多有表述。这些表述虽各有重点，但从本质上并没有明显差异。校企合作是指利用学校和企业两种不同的教育环境和教育资源，将课堂学习和实践学习结合起来，以培养适应生产、建设、服务、管理一线应用型人才的办学模式。方向阳（2003）在《校企合作的内涵与模式》中指出，校企合作的基本内涵是产学合作，双向参与；实施的途径和方法是工学结合，顶岗实践；要达到的目标是提高学生的全面素质，以适应市场经济发展对人才的需要。荆伟（2012）在《校企合作的内涵和模式分析》中指出，校企合作的内在动力来源于教育和生产的密切关系，使理论学习和生产实践结合起来，使操作训练与生产劳动结合起来。教育的最终目的是培养适应生产需要的劳动者。从根本上说，离开生产办教育，教育就是无的放矢，就失去了意义。校企合作能使教育和生产直接地联系起来，教育直接接受生产的检验。另外，从校企合作的理论意义和实践意义来看，校企合作体现了理论和实践的统一，体现了教育和生产不断走向融合的新趋势，体现了新型工业化的新要求。其基本内涵是以培养学生职业能力为目标，以校企双向参与为途径，以相互服务为宗旨，创新高等教育的人才培养模式。准确把握校企合作办学的内涵与特征，是高等教育创新人才培养模式的关键。

国内一部分研究学者认为，校企合作首要在于机制和制度的建设。在高等教育的发展过程中，政府起着举足轻重的作用。企业与高等院校之间存在着资源互补的合作需要，政府作为校企合作的外部参与者，主要通过制定制度、政策和法律法规来引导、保障和监督职业教育，促使职业教育向前推进。王翠华（2011）对校企合作的形成原因提出了三种路径，也就是政府引导、市场驱动和感情维系。她指出，校企合作需要在政策、利益和感情三个方面的基础上建立起长效机制，并由此指出校企合作长效机制中存在的制度型、计算型和情感型信任关系。

另一部分研究学者认为，校企合作的关键在于校企如何共同组建教育或生产实体，共用人、财、物资源，满足人才和利益的诉求。校企合作就是通过课程建设、人才培养等方式，在学校、企业、政府之间建立起联系的桥梁，并以此实现校企资源的有效整合，有利于提高校企双方在课程建设合作中的融合度，从而使合作课程建设质量得以提高。洪贞银（2010）提出，校企深度合作是相对于校企浅层合作而言的，主要是指高等院校与企业之间的合作不仅仅是“结果”的合作，更是“过程”的合作，校企之间形成积极互利的关系。校企深度合作一方面将校企合作的链条加长，另一方面将校企合作的范围扩大，双方接触点增多，相互依赖性增强，合作程度自然加深。当然，校企深度合作也是有前提的，即合作模式应与行业、企业的实际相适应。

还有一部分研究学者认为，在校企合作的运行层面，学校相关制度和管理办法的制定也至关重要。王全旺（2010）提出在有中国特色的社会主义市场经济环境中，要实现教育与劳动力市场需求的协调发展，必须以高技能人才供需数量均衡为基础，以高技能人才供需结构匹配为关键，以高技能人才供需质量满意为核心，构建一种以市场调节为主体、以政府调控为主导的“主体—主导”双元协同控制机制。

还有一些研究指出，校企合作要可持续发展，关键是要处理好校企双方的利益问题。陈桂良（2008）指出，校企合作本来就是平等互利的合作。平等互利是校企合作的重要基础，作为以追求经济利益最大化为目标的企业，为学校提供资金、技术或设备等支持，如果学校不能为其提供服务，合作就难以继续下去。刘兰青和魏金科（2010）指出，校企合作应注重以校企互利双赢为基础。通过深度持续的校企合作，有利于不断适应科技、生产、经济的发展，提高办学质量；有利于高等院校与社会和企业保持密切的联系，增强办学实力，打造品牌和名牌学科与专业，多出标志性成果；有利于扩大社会影响，巩固学生的就业渠道。生产企业通过校企合作可以扩大自身在中西部人力资源大省的社会影响，吸引更多的高素质人才加入企业；通过订单培养或联合培养模式，可以为企业的长远发展奠定人才基础，平衡用工旺季的临时性用工需求；通过与高职院校开展广泛合作，可以利用学校的科研资源，为企业设备改造升级、新产品的研发寻求更多的专业技术支持。只有校企双方都深刻认识到校企合作的意义，才能够激发互利合作的内在动力，才能开展广泛深入的实质性合作活动，达到双赢的合作局面。企业主要是营利性组织，经济利益是推动企业参与校企合作重要的动力之一。只有校企双方的需求都能得到一定程度的满足，双方的合作才能得以延续和发展。校企合作的模式主要有订单式培养模式、校企互动式培养模式等。

相对国内的校企协同育人发展，国外如英国、德国、美国等发达国家，在校企合作中已有相当成熟的体系，无论是德国的“双元制”模式，还是日本的“产学合作”模式或是英国的“三明治”模式，从组织形式上都经过了由高等院校和企业自发合作，再到政府引导形成组织的过程。各国高等教育在校企合作中的名称，各角色在校企合作中的地位和作用，以及对校企合作各种关系的处理等方面有不同之处，但基本相同的是，校企合作不仅是教育、科技和经济之间规律的反映，也是政府、企业、高等院校三者协同配合的结果。发达国家校企合作产生的共性在于其工业的迅速发展及其对新型专业工人的需求，高等教育校企合作是随着工业化的进程推进和高等教育的水平提高而发展的。通过对国内的相关文献回顾，目前国内对校企合作的研究取得了丰硕的成果，无论是研究方法还是研究角度均呈现多样化，特别是对合作方式、管理模式和体制机制等方面的研究有了一定深度，也有向广度与浓度方向发展的趋势。但是，国内的研究成果存在一定的局限性，研究成果比较零散，带有浓厚的地域色彩甚至校本色彩，这在很大程度上削弱了这些成果的通用性。同时，不少研究往往通过实践做归纳，有了问题找原因，多数停留在“经验”总结上，而不能全面地看待校企合作。校企合作的关键在于合作，而协同与合作相比，更加强调在风险共担、利益共享的基础上为实现同一个目标而通力协作，以及创建公平诚信的合作环境。校企合作的发展过程是艰巨复杂的，不会一蹴而就，需要深入研究。我国高等院校校企合作的改革探索虽取得了初步成果，但也存在需要继续解决的问题。随着教学改革的不断深化，校企合作机制也将更加完善。

2.3　城镇化进程中经济财税人才培养的相关研究

改革开放以来，我国城镇化率从 1978 年的 17.92%提高至 2014 年的 54.77%，平均每年提高 1.02 个百分点。随着我国经济的飞速发展，尤其是改革开放以来的经济成就，不断带动城镇化的发展。但是长期以来，我国经济的高速发展是以高能耗、高污染、高排放为代价的发展，随之而来的是盲目发展的快速城镇化。在未来的二三十年，由于经济将保持较高的增速，我国城镇化率仍会呈快速上升态势，但是增幅会放缓。至 2030 年，我国城镇化率将达到预期的 65%～70%。城镇化发展中需求的无限性与资源的有限性的对立必然要求转变发展模式，对于可持续发展的探索我们还有很长的路要走，转型期间如何规避风险，也是需要面对的问题，但是最终会走出一条全面的、绿色的、具有中国特色的新型城镇化道路。在城镇化进程中，党的十八届三中全会通过的有关“深化教育领域综合改革”的战略部署，为持续推动高等教育科学发展、全面提升人才培养质量，进一步指明了方向。校企协同育人机制得到越来越多的重视，并向跨区域、网络化的方向迅速发展。

“人才培养模式”是近年来教育实践领域频繁使用的词语，发表在各类学术刊物上以“培养模式”为题目的论文达数百篇，由国家和各省市教育行政主管部门批准立项的各类研究课题也数以百计，还出版了多部关于人才培养模式研究的著作。1998 年，教育部召开的第一次全国普通高校教学工作会议的主文件《关于深化教学改革，培养适应 21 世纪需要的高质量人才的意见》指出：“人才培养模式是学校为学生构建的知识、能力、素质结构，以及实现这种结构的方式，它从根本上规定了人才特征并集中地体现了教育思想和教育观念。”关于人才培养模式的定义，还有以下几种表述。有的学者提出，所谓人才培养模式，是为实现培养目标而采取的培养过程的构造样式和运行方式，主要包括专业设置、课程模式、教学设计和教学方法等构成要素。也有学者提出，所谓人才培养模式，是指在一定的教育理论、教育思想指导下，按照特定的培养目标和人才规格，以相对稳定的教学内容和课程体系、管理制度和评估方式，实施人才培养的过程的总和，它由培养目标、培养制度、培养过程、培养评价四个方面组成。

国外有学者很早就开始进行校企协同育人的研究，安索夫（Ansoff）于 1965 年第一次提出了关于协同的思想，各业务单元之间相互合作，最终能实现企业总体收益大大大于各业务单元独立经营的收益之和。何郁冰（2012）指出，我国曾经科技与经济“两张皮”现象突出，一方面，企业核心技术竞争力不强，难以形成创新驱动，且对于短期利润的追求使它们没有足够的耐心进行长期的科研研究；另一方面，高等院校和科研机构的科技成果转化率很低，没有实现对经济发展的有效支撑。马卫华和许治（2010）在借鉴了其他学者的研究之后，发现我国企业和高等院校之间的协同创新合作模式多种多样，主要有非正式研究合作、契约型合作和知识转让、共同参与政府资助项目、人才培养、研发联盟与共建实体、技术孵化等。徐溢（2014）认为，现如今，人们已经充分认识到了各企业、高等院校和科研院所之间协同合作和整合的重要性，只有它们多方之间实现协同合作创新，才能很大程度上提高整体创新能力，从而进一步提高我国的国家自主创新能力，实现“1+1>2”的状态和效果。国内外学者对校企协同发展理论的各个方面问题进行了探讨。目前大致有这样一些认识：只有企业、高等院校和科研院所之间实现协同合作创新，才能提高整体创新能力，从而进一步提高自主创新能力。国内外学者的研究为地方高校的转型发展提供了宝贵的经验，产生了一定的积极影响。

本章小结

本章首先介绍了国内外学者对城镇化的研究理论。国外学者对城镇化的研究起步早、成果多，其中田园城市理论被誉为现代城市规划的开端。我国学者对城镇化的研究较晚。到 20 世纪 90 年代绿色发展成为一种主流，涵盖社会经济的多个领域。这一时期，很多学者认为城市具有生态功能和经济功能。现代城市生态的主要研究课题之一就是如何更好地使经济发展和生态关系和谐发展相协调。目前，我国学者对绿色城镇化的研究较少，认为应更加注重创新发展，特别是科技创新。

校企协同育人模式是在马克思主义教育与生产劳动相结合理论、舒尔茨和贝克尔人力资本理论、普费弗和萨兰西克的资源依赖理论、哈肯的协同论等理论指导下不断演进的。相较于国内，英国、德国、美国等发达国家的校企协同育人机制在组织形式上经历了一个由校企自发合作到政府引导形成组织的过程。各国在校企合作的名称、各角色在合作中的地位和作用，以及对合作中各种关系的处理等方面均有不同之处，但基本相同的是校企合作不仅是教育、科技和经济之间的反映，也是政府、企业、高校三者协同配合的结果。

我国校企合作从提出到现在已有 20 多年，其概念和意义多有表述，虽各有侧重，但大体一致。国内外学者在研究过程中已经充分认识到企业、高校和科研机构协同合作和整合的重要性。通过回顾国内文献，我国校企合作研究方面已经取得了丰硕的成果，但是还有一定的局限性，未来需要不断完善和发展。

第 3 章　校企协同培育经济财税人才概述

新型城镇化是与传统城镇化相对而言的，主要是指以科学发展观为统领，以新型产业及信息化为推动力，追求人口、经济、社会、资源、环境等协调发展的城乡一体化的城镇化发展道路。新型城镇化的内涵是城乡统筹、以人为本、全面协调、可持续发展。以绿色理念引领新型城镇化，绿色城镇化的核心是人的城镇化，关键是提高城镇化质量和水平。要提高城镇化质量，关键因素是人的综合素质和能力的提高。在城镇化发展过程中，教育战略要根据城镇化发展战略进行调整，以服务城乡经济发展为目标，适应城镇化发展趋势。

3.1　校企协同育人的含义

高等教育具有教学、服务和科研三大功能。校企合作育人的主体是高校、企业和科研院所。为实现校企合作育人，高校必须和企业、科研院所紧密相连，建立以政府为主导、高校和企业积极参与办学的互惠共赢模式。校企合作体现在高等院校的教学、服务和科研活动各方面。企业与高校的合作，是工作过程与学习过程的结合，并且可以在不同的层面上进行。校企合作的外延极其广泛，宏观层面上表现为办学模式，中观层面上表现为人才培养模式，微观层面上表现为教学模式。

3.1.1　校企协同育人的内涵及特点

“校企合作”表达的是“工学结合”的本质思想，从人类社会建立起就已经存在。劳动是人类社会建立和发展的根本动力，劳动的延续和发展与早期人类社会学徒形式的“传帮带”密切相关。随着社会的发展进步，原来自发的、无序的“工学结合”方式，逐渐被人重视，并提升到理论层面。早在 1516 年，英国的空想社会主义者托马斯·莫尔（Thomas More）就提出了劳动教育模式，在《乌托邦》中指出，公社里的所有儿童在进行初等教育时，既要学习农业知识，又要从事农业劳动。威廉·配第（William Petty）在 1648 年提出了建立“劳动学校”即“科学工场”和“机械中学”的计划。马克思在《资本论》中提出，教育和生产劳动相结合有如下两种形式：第一，和工厂劳动结合起来的初等教育；第二，各种形式的职业技术学校。美国著名的哲学家、教育家约翰·杜威（John Dewey）是近百年来教育改革的重要人物之一，他在《哲学的改造》《民主与教育》中从实用主义经验论和机能心理学出发，批判了传统的学校教育，并就教育本质提出了“教育即生活”和“学校即社会”的命题，主张要加强教育与社会的联系。约翰·杜威（2002）的教育理论强调个人的发展，反对传统的灌输和机械训练的教育方法。他主张从实践中学习，对外界事物的理解可通过实验获得。他以手工活动和科学研究活动为原型的“做中学”更是贯穿近百年来教育改革的重要思想，并指导教育改革和发展。19 世纪后期到 20 世纪初，西方欧美国家因为迅猛发展的经济和纷扰复杂的国际形势，对人才的需求也快速增长，校企合作开始真正意义上在一个国家的教育制度层面被逐渐确立，如德国的双元制、美国的合作教育、英国的工读交替、日本的产学合作等。

国内外关于“校企合作”的特点和内容的相关表述很多，侧重点也不尽相同。塔蓬（Tapon）指出，校企合作既是一种经济行为，也是一种创新活动，而其本质就是改变交易成本。19 世纪中后期到 20 世纪初，国外校企合作或者与此相关含义的词也有很多，如 cooperative education，school-enterprise cooperation，cooperation between industry and education，business-education partnership，school-business link 等。尽管这些表述各不相同，但是从中我们不难发现几个关键词，即 industry，enterprise，business，school，education，cooperation，partnership，link 等，也就是企业、学校、教育、合作。这几个词实际上既是校企合作的组成要素，也概括了校企合作的基本含义。这些表述方式表达的含义虽然互有差别，但它们都可以归属于合作教育这一大的范畴。合作教育是从英语单词“cooperative education”一词翻译而来的。西方发达国家已有近百年的发展历史，校企合作教育的起源可追溯到 18 世纪初学习与工作相结合的教育方式。

校企合作教育形式最早产生并最快获得成功是在 19 世纪末的德国，即德国双元制，它是校企合作模式的开端。而校企合作一词最早出现于 20 世纪初的美国，产生于工程技术学科领域，主要是指辛辛那提大学（University of CinCinnati）同大企业合作实施的职业教育。国外正式的校企合作组织形式的出现以 1903 年美国赠地大学（Land-grant universities）创办的工程实验站为标志。原山优子（Yuko）（2002）指出，校企合作是指大学和产业两个属于不同领域的行为主体，通过相互影响产生协同作用，进而提升各自发展潜能的合作过程。国外校企合作的相关概念提出时间早、用词多，但至少在 20 世纪中期之后。在校企合作相关问题上，更多的是在讨论如何更好地实施合作培养社会需要的人才的方案上，而很少在抽象的理论、概念、用词上纠结变化，可以说是基本没有发展。对于校企合作或者工学结合，“合作教育”一个词就可以完全概括。国内校企合作概念出现的时间比国外晚，从提出到现在，我国学术界对校企合作相关问题的研究已有 30 多年。在这期间，各类文字资料中与此相似的名称，就先后有过多种不同的表述，如工学结合、产教结合、产学合作、产学研结合、产学研合作等。虽然对校企合作有过多种不同的表述，但实际上是一种产教结合的教育模式，即一方是学校，另一方是企业，双方共同参与，共同管理，缺一不可。我国学者在纵向发展研究上，在对相关成果总结的基础上对现实问题进行了反思。不同时期，校企合作理论研究呈现具有不同研究主题的阶段性特征。绿色城镇化发展时期，我国校企协同育人理论研究还有待在校企协同育人界定、校企协同育人培养发展战略的定位、校企协同育人培养机制的创新等方面进行探讨。

校企合作应社会所需，与市场接轨，与企业合作，是实践与理论相结合的全新理念。校企合作是一种注重培养质量、注重在校学习与企业实践、注重学校与企业资源、信息共享的“共赢”模式。校企协同育人的内涵是指以高等院校、企业和科研院所为主体，以政府及行业机构为中介，按照教育教学规律和市场规律相结合，通过人才、知识、物质资源交换与共享，将提高高校人才培养质量作为根本目的的系统性活动。校企协同育人的机制是指高等院校、企业和科研院所从人才培养开始到结束过程中涉及各个环节的运行原理、相关制度及作用方式，通过一种健康发展的规则、程序，使参与人才培养的各方相互作用、合理制约，从而达到良好的效果。良好的运行机制可以解决企业和科研院所如何更好地参与高等院校人才培养的根本性问题。因此，我国要创新构建紧密、稳定、深层次的校企协同育人的运行机制。

3.1.2　校企协同育人对经济财税人才培养的作用

中国经济已进入一个发展新阶段，即不同以往的、相对稳定的“新常态”。绿色城镇化的发展是决定经济进入“新常态”之后我国能否继续保持健康发展的重要支撑点。为推进绿色城镇化建设，应用型人才培养已经成为一种不可扭转的趋势，目前高等院校需要和企业进行合作，产、学结合培养人才，深化各个高校与相关企业的合作，使校企协同育人培养人才模式发挥更大的作用。

1. 校企协同育人培养机制在绿色城镇化中对各方的要求

1）绿色城镇化进程中，大学毕业生需要提高职业素养和职业能力。很多用人单位感觉用人难，原因之一是很多在校大学生或大学毕业生缺乏职业目标、职业素养和职业能力，而企业需要的正是这种复合型人才。校企协同合作模式的创新是专业建设的创新，以职业需求为导向、以实践能力培养为重点，有效推进专业建设标准与行业标准的对接、课程标准与岗位标准的对接，使学校人才培养质量更加适应企业、行业和社会的需求。

2）绿色城镇化进程中，财经类高校需要提升教育教学水平与质量。高校是校企协同育人的主体之一，提高高校人才培养质量是进行校企协同育人机制的根本目的。通过以校企合作为抓手，深入推进人才培养模式改革，使校企协同人才培养、教学质量保障机制建设取得进展，教学水平和学生综合素质不断提升。财经类高校以经济财税人才素质的提升为立足点，遵循教育教学规律和市场规律，通过资源交换与共享，与各部门、行业、企业通力合作，共同推进校企一体化育人培养机制。

3）绿色城镇化进程中，经济财税行业面临着新技术、新业态、新的职业要求，这对校企协同育人机制的实施有着较大的挑战。在校企协同机制创新中，企业更关注的是企业的利润收益，高校通过搭建人才供需平台，让企业可以找到合适的人才，也让高校学生实现更多的对口就业。通过校企协同育人创新模式，并通过扩大参与主体，形成“政府+学校+企业”的全方位、多主体的合力模式，形成各自主体的有效分工、各司其职，实现政策支持、标准制定、资源共享、权益保障、学业与就业渠道衔接、创新支持等必要条件的建立和补充。

2. 校企协同育人对经济财税人才培养的作用

在校企协同育人中，对经济财税人才培养的作用体现在以下几个方面。

1）校企协同育人可以建立长效的合作机制，并实现合作更加规范化。校企协同育人模式形成以学校教学、政府指导、企业参与的发展模式，是培养应用型人才的协同创新机制。建立长效的校企协同育人机制，通过建立实践中心、实习实训基地等，明确各自的职责，并建立考核激励机制，弥补合作期限不固定的不足，使校企协同育人机制更加规范化。校企协同育人模式的创新可以给学生提供一个全真体验的平台，通过平台建设推动人才、就业、资本等要素长效结合。这个平台既是一个信息平台、资源平台，也是一个沟通交流平台、合作平台，可以有效实现信息、资源、经验共享。

2）校企协同育人的合作关系更加开放化。人才培养是吸引企业参与工程教育的最佳切入点，双方的合作是围绕人才培养这个核心任务而进行的开放性活动。校企协同育人不是局限在校内培养，而是要充分发挥学校教学优势，扩大育人的覆盖面。通过校企协同育人模式下高等院校、企业、政府的合作，调动各方面的积极性，形成全社会关心支持人才发展体制机制改革的良好氛围，研究解决人才发展体制机制改革中遇到的新情况、新问题，提升教育教学水平与质量，提高专业教师的专业技能，完善指导体系，丰富校企合作内容，帮助高等院校了解企业的真实需求，依据企业实际开展教学，实现教育对象从学生到职业人的“角色转换”，从而培养满足行业、企业需求的人才。

3）校企协同育人的合作关系更加多元化。高校邀请科研院所、企业的专业人员为高校本科生授课、讲座，使学生了解经济发展趋势和技术前沿。邀请科研院所、企业参与人才培养的全过程，不仅包括实践教学、实训实习，还包括人才培养方案的制定与完善、课程体系的重构和人才培养模式的改革。高校以科研基地为基础，整合学科资源，组建学科团队，为政府部门和企业提供研发服务和决策咨询。在服务企业过程中，企业吸收大量学生参与项目和调研，充分调动学生的科研积极性，培养学生的创新能力。通过学校和企业的有机结合，将指导工作有针对性地开展起来，使校企双方实现有效对接，实现学生与企业零距离接触，实现高等院校、企业、学生三方互惠互利。

4）校企协同育人的合作关系更加协同化。校企协同育人的机制涉及高校、企业和科研院所从人才培养开始到结束过程中涉及各个环节的运行原理、相关制度及作用方式，通过一个健康发展的规则、机制使参与人才培养过程中的各方相互作用、合理制约，从而实现良性循环。良好的运行机制可以解决企业和科研院所为什么要参与高校人才培养的根本性问题。高校要探索产学研相结合的办学思路，促进科研教学相结合，人才培养与社会发展相结合，探索寓教于研的培养模式，以协同创新实现高水平科学研究支撑高质量人才培养。

推进绿色城镇化建设，高校需要和企业进行合作，产学结合培养人才，深化各个高校与相关企业的合作，建立校企协同育人的机制，使校企协同育人模式发挥更大的作用。因此，要着力构建紧密、稳定、深层次的校企协同育人的运行机制，包括动力机制、激励机制、沟通协调机制和利益分享机制等。

3.2　发达国家校企协同育人的模式

《国家教育发展规划纲要》指出，高等教育要“加强实践环节的教学和训练，发展同社会实际工作部门的合作培养，促进教学、科研、生产三结合”。校企协同育人是高等教育教学改革的重要组成部分，是高等教育发展的必由之路，也是国内外教育理论与实践研究的一个重要领域。从世界各国大学教育的历史发展轨迹来看，各类大学基本上是为社会经济发展服务的，其发展也多根据时代的变化而不断调整自身的办学思路、规模和方向。

3.2.1　德国校企协同育人的模式及其特点

1. 德国校企协同育人模式的发展

德国位于欧洲中部，是世界上先进的国家之一。德国高等教育历史悠久，实力雄厚，有多所世界著名高等学府。德国许多大学拥有数百年的办学历史，为德国经济社会发展培养了一大批高素质人才。

德国高等教育产生于中世纪晚期，最早的大学是建于1385年的海德堡大学。从18世纪开始，德国政府就注意到教育与经济的关系，认识到发展教育的重要性，因此对大学的控制日益加强，鼓励大学改革。到18世纪末，德国的高等学校已经超过40所，在欧洲首屈一指。进入19世纪，德国对高等教育政策做了重大调整。1810年，德国波茨坦（Potsdam）的威廉·冯·洪堡（Wilhelm von Humboldt）创立了柏林洪堡大学。在洪堡的领导下，德国进行了卓有成效的高等教育改革。洪堡提出，通过科学研究方法和教学与科学研究相结合的方法，去追求纯粹知识的思想，科学研究第一次成为大学职能。柏林洪堡大学崇尚“学术自由”，它的办学理念是“教学与研究相统一”，柏林洪堡大学是教学机构的同时也是科研机构，要求师生致力于学术性研究。洪堡的办学思想和柏林洪堡大学的改革，彻底改变了中世纪大学的传统办学模式，确立了科学研究和学术民主在大学的地位，成为德国高等教育发展史上的重要里程碑。此后，德国还兴办了许多工艺科技教育，传授的知识以实用为主，与工业生产有密切的联系，是直接为生产服务的新型大学。19世纪的德国能在短短数十年内迅速走向统一，并一跃成为资本主义世界的强国，其教育起了非常重要的作用。

进入20世纪，德国高等教育进一步发展，强调基础研究的重要性和发展企业与大学的合作研究，加大对大学科学研究财政援助的力度。从20世纪50年代开始，联邦德国政府大力推行高等教育扩大、开放政策，使德国高等教育的规模迅速扩大，其性质也发生了根本改变，即从传统的精英教育阶段跨入了大众化教育阶段，为经济的发展提供了强大的推动力。进入60年代，随着科学技术的发展，社会对实践技能型技术人才的需求越来越大，建立培养实践技能型人才的新型高等学校的需求也越来越大。1968年10月31日，联邦德国通过了《联邦共和国各州统一专科学校的协定》，决定成立三年制的高等应用专业学院。各州在原有的技术中专、工程师学校、示范学校等中等专业学校的基础上，纷纷组建了高等应用专业学院，适应了当时经济社会发展的需要。德国高等教育规模不断扩大，社会整体教育水平不断提高。

2004年，联邦德国推行“精英大学计划”，制定精英大学非终身制，施行五年一轮滚动制评选，旨在提高大学科技研究能力和学术创新水平。高等院校的教学质量显著提升，对经济社会发展和科技进步的推动作用不断显现，在欧洲逐渐赢得了声誉。据统计，2012～2017年，德国“精英大学”共11所，其中包括理工类3所和文理类8所，其中包括慕尼黑工业大学、海德堡大学、图宾根大学等世界名校。

德国联邦政府于2014年5月21日发布《2014研究与创新联邦报告》（以下

简称《报告》），称德国科研投入达到创纪录水平，德国已成为全球最具创新和竞争力的国家之一。《报告》显示，因在教育和科研创新领域的大力投入，德国在国际专利申请数量、科学出版物数量及技术密集型产品出口上均处于国际领先水平。

2. 德国校企协同育人的模式：双元制模式

德国校企协同育人模式为双元制模式。双元制是源于德国的一种职业培训模式。所谓双元，是指职业培训要求参加的人员必须经过两个场所的培训，其中一元是企业或公共事业单位等校外实训场所，另一元是指职业学校。德国的大学有三种类型：综合性大学、应用科技大学和双元制大学。德国双元制职业教育根植于中世纪德国手工业行会的学徒制，行会对师傅带徒弟的培训形式从对新学徒的要求、师傅的要求到学徒期的长短、学徒期满考试都做了明确规定，奠定了德国学徒培训企业负责制的传统基础。19 世纪 70 年代，德国基本完成工业革命，工业的迅速发展和机器的广泛使用，对劳动力教育提出了新的要求，传统的、分散的行业学徒培训已不能满足工业生产对技术工人的需求。此时，双元制的另一元——职业学校应运而生，它由工业革命前城市手工业及其子弟的学习场所演变而来，成为与企业学徒培训相匹配的义务教育学校。20 世纪初，德国教育家凯兴斯泰纳（Kerschensteiner）倡导的劳作学校及劳作学校精神为德国的职业教育奠定了基础。凯兴斯泰纳的劳作学校的精神体现在：劳作课作为必修课程，遵循实践兴趣的教学原则，以性格教育为教育目标。尊重劳动是提升职业教育地位的根本，关注学生的内存价值与性格教育。1938 年，德国正式实行普通义务职业教育制度。至此，德国双元制模式初步形成。第二次世界大战后，面对德国社会政治、经济发展对人才的需求，双元制职业教育得到国家和政府的资助，实现长足发展，为德国培养了大量高素质的技术工人，使德国经济在第二次世界大战后迅速崛起，一跃成为世界第三大经济强国。1948 年，由德国教育委员会正式确定“双元制”的称谓，标志着双元制模式正式形成。

德国实行的双元制模式，是指企业和学校共同承担职业教育的任务，学生不仅是学校的一名学生，还是企业的一名雇员，学生在学校接受理论培养和在企业接受实践技能培训相结合，以理论知识为基础，以应用为目的，教学活动在企业与高校交替进行，双方共同培养应用型人才的职业教育形式。学校的招生对象为高中毕业生，学生入学前必须选择一家企业，按照有关法律的规定同企业签订培训合同，得到一个培训位置，成为企业的雇员，使企业在法律上承担对员工培养、培训的责任，企业凭借合同可以在学生毕业后优先录（续）用，从而保证企业有适需对路的专业技术人员。在整个学程中，学生有两个学习受训地点，即培训企业和学校。做工以企业为主，合作学校派出教师进驻企业给予理论指导；理论学习以学校为主，企业派出技术专家到学校协商课程设置与教学方法。德国的企业高度参与学校的办学，学生的毕业论文也由企业选定，并在企业完成，学生可从企业获得薪水甚至获得顶岗工资。德国的学生多在完成基础教育后，成为学徒制下的学徒，一方面在工厂做工，接受师傅的指导；另一方面进入职业高等学校，进行相关职业理论的学习，做工与理论学习交替进行。

双元制模式重在培养学生的实际动手能力，即培养学生将来进入社会就业、适应、竞争和发展的能力；在工作中发现、分析、解决问题的能力。德国实行的双元制模式，充分调动企业和公司、联邦政府和州政府等多方面的积极性。德国的高校与企业一旦建立起产学研合作关系，将是长期、稳固和紧密的，其合作非常注重实效。双元制教育的优越性在于，通过实训促进学生对理论的理解，而且理论能在实践中得到强化；学生可以学到最先进的技术和企业组织管理，缩短进入企业后的见习期，增强团队合作能力，提高职业竞争能力。双元制模式是产学结合的典范，以产教融合、校企合作、理实一体为手段，培养兼具完整职业行动能力和高度职业精神的优秀技术技能型人才。高素质的技术技能型人才不仅支撑了德国研发创新的高质量产业，也作为重要的创新主体直接推动了企业技术技能的积累和创新。

3. 德国校企协同育人模式的特点

（1）健全的法律法规保障

德国高等教育完整的法律、法规体系，为教育的规范、顺利实施提供了根本保障。德国政府制定关于高等教育的《高等学校总纲法》，该法律只对各级政府和高等学校在高等教育发展中的权责做了框架性的规定，各州政府又各自在总体框架的要求下制定了各州的高等教育法。德国制定《青少年劳动保护法》《职业教育法》《企业基本法》《实训教师资格条例》及各州的教育法和学校法等。这些法律、法规规范和约束着具体的职业教育行为。德国颁布的《联邦职业教育法》，包括职前培训和职后培训（继续培训和转业培训）；规定了培训企业和受培训者的关系及双方的权利和义务、培训机构与人员的资格、实施培训的监督和考试、职业教育的组织管理和职业教育的研究等。《青少年劳动保护法》和《职业教育法》中对培训者和受培训者的权利和义务做出了明确的规定，企业、学校和学生的利益都有保障。《职业技术教育法》规定，80%的青年必须接受不同类型的职业技术教育。此外，各部门、行业、地方也相继出台了相关的条例或实施办法，如由文教部、经济部等共同制定了《培训条例》，各州和有关行业也颁布了一些实施条例。

（2）企业广泛参与，教学与生产紧密结合

德国高等学校尤其是职业学校基本上与企业建立了良好的合作办学关系。主

要体现在：一是企业为职业训练提供场所。企业资助学校实验室建设，大企业建有专门的教学训练车间，多数拥有自己的培训基地，接受教师到企业承担应用技术开发项目。二是企业为职业训练提供指导教师并承担部分课堂教学任务。企业为职业训练提供详细的实习教学计划，以便有计划有目的地进行培养；向学校提供毕业设计选题，指导学生毕业实习，衔接理论与实践操作；企业为职业训练提供具有工程师水平的、受过良好的职业技能训练的、工作态度严谨的指导教师。双元制模式下的学生大部分时间在企业进行实践操作技能培训，而且所接触的是企业使用的设备，所接受的是企业现用的技术，培训以生产性劳动的方式进行，从而减少了费用并提高了学生学习的积极性，这样有利于学生在培训结束后随即投入工作。学校为企业传授新技术发展所必须掌握的新知识，学校与企业进行技术和知识转让合作，促进企业生产与操作过程的革新。学校开放办学，学生走向社会实践，密切与社会、企业的联系，与企业或用人单位协同完成教学及实践过程，使学生既能学到基础理论知识，又掌握实际操作技能。这样，既能培养合乎社会需要的应用型人才，又能节约教育资源，避免人才浪费。

（3）课程设置灵活，教职员工专业性强

虽然德国有全国统一的教学大纲，却没有全国统一的课程设置。它是一个十分灵活和高效的训练体系，为适应经济和社会结构的发展变化，把新工艺、新方法、新技术及时引进培训计划。学校只要符合教学大纲的难易程度，就可以根据市场变化设置和选用自己需要的课程和教材。由于它们的职业训练与生产密切结合，所以需要对经济部门的反应十分敏感，能够及时估计劳动市场的需要和职业结构的变动，并相应地改进训练职业和训练章程。因此，即使在 20 世纪七八十年代社会培训需求急剧变化之时，德国企业所提供的培训岗位与申请培训者人数也基本持平，由企业提供的培训岗位几乎一直围绕社会对培训岗位的需求而上下波动。教职员工专业性强，专职教师必须获得博士学位，同时有多年的企业工作经历。兼职教师主要来自企业和行业领域，掌握最新的技术和工艺，熟悉企业生产和管理过程，具有很强的技术能力。这样就保证了双元制大学的教学内容紧跟科学技术和企业生产发展的步伐。

（4）双重教育体系各司其职、协同共进

2014 年，德国科学评议会的一份建议书指出，高等教育和职业教育是支撑德国创新能力的“两条腿”。德国科学评议会认为，要继续处理好高等教育与职业教育的关系，使两者处于良好的平衡状态，充分发挥各自作用，必须进一步加强中学后教育阶段的衔接。因此，有必要建立一套科学的咨询体系，详细介绍高等教育和职业教育对能力的不同要求、就业前景，以及进一步深造的机会，正确引导青年学生摒弃社会偏见，选择一条适合其能力和兴趣的学习途径。双重教育体系各司其职、协同共进，满足了经济社会发展对不同类型创新人才的需要，也使不同智力特点的年轻人均有顺畅成才的路径——让最适合的人做最适合的事。

德国双元制模式的成功为世界所赞誉，被称为“经济腾飞的秘密武器”，成就了“德国制造”的全球声誉，为德国经济社会的稳定发展奠定了坚实基础。

3.2.2　英国校企协同育人的模式及其特点

1. 英国校企协同育人模式的发展

英国校企合作、工学结合教育最早可追溯到 1903 年桑德兰大学，在工程船舶与建筑系中实施的“三明治”教育模式（sandwich program）。这种教育模式要求学生在校期间，必须有一段时间到校外参加实际工作，然后再回校继续学习。20 世纪 80～90 年代，英国高校采取一系列积极措施不断调整自身的办学思路和方向并取得了良好效果，“三明治”模式得到进一步发展。1990 年，苏格兰有 30 多所科学技术学院、26 所大学、49 所继续教育学院和 16 所学院提供“三明治”课程。英国大学大多立足于各自所在地的城市，根据当地的社会经济发展的需求和变化而不断调整自身的办学思路、规模和方向，最终逐渐发展成为面向世界的城市大学。伯明翰城市大学是英国招生规模较大的大学之一，学生来自世界各地。伯明翰城市大学的发展在很大程度上是基于其所在地的经济社会的发展需要而设立发展起来的。

在伦敦城市大学，学校通过课程的设置使学生可以接触如工程、信息、社会科学、健康、商业、法律、传媒和音乐等涉及面非常广的课程的最新知识、前沿专业知识和新思想。伦敦城市大学作为一所世界顶尖大学，学校不仅专注于卓越的学科专业，还关注职业发展。在职业发展方面，伦敦城市大学提供各种培训和发展项目，这些培训和发展项目都由具有世界水平的专家来实施，并与学校正在进行的研究相结合。双重的关注使学生既有深厚的专业素养，又有较高的职业素养，从而能在当今激烈的就业市场上具有竞争力。1992 年，英国的高等教育机构已超过 150 所，以牛津大学、剑桥大学等 24 所为代表的罗素集团组成了英国的精英大学。这类大学的人才培养水平、学术声誉和地位、科研和技术创新实力、研究课题的世界水准、科研经费等在整个英国占有极大比重。英国大学区域发展特色、行业特色明显，人才培养目标明确，适应市场需求的导向明显。除了剑桥大学、牛津大学、伦敦大学城市学院、帝国理工学院等精英大学追求大学的价值是培养人的全面素质，发展人的思维、性格，促进人的全面发展，培养具有各种知识储备、服务国家和社会的人才之外，另外一些高校也着重培养人的技能以适应社会、工作的需要。大学发展服务区域城市发展特色明显，一所大学往往是一个城市的品牌。因此，大学（学院）的专业化、功能化发展趋势明显，特别注重学生职业技能的培养。

在高科技知识型经济中，为适应社会需求，大学生需要充分了解市场行情。英国的高等教育以就业率为导向，就业市场平均数据显示，自 2010 年以来，专业人才的就业率平稳上升。英国大学中，就业率较高的学校具有鲜明的专业特色和产业纽带。它们拒绝成为“象牙塔式”的大学，通过举办权威专业研讨会，加强与工业的专业合作，将学生的实习工作与课程成绩联系起来，培养学生的企业意识，使其真正明白各企业的所需。2016 年，英国高等教育统计局（Higher Education Statistics Agency）数据显示，学生毕业 6 个月后，西英格兰大学 78%的学生从事专业领域或管理岗位，而英国平均水平为 71%，剔除原本在校期间就工作的毕业生人数，这一数据上升到 90%。西英格兰大学校长史蒂夫·韦斯特（Steve West）教授非常注重教育与工业的结合，认为人才革命应当注重校企合作，培养学生拥有真正的专业技术和思维模式。先进的科技决定人们的工作方式和工作领域，但 80%的新工作需要大学生具有分析能力、解决问题能力和复杂的交流技巧。目前，高等教育就是英国经济的未来。为保持全球竞争力，英国需要越来越多的拥有高水平技能的大学受教育者。随着科技的发展，中等水平劳动者的工资正在被压缩，人们的日常生活事务和纯劳力工作、低水平工资等领域逐渐被科技取代。因此，英国需要培养一批新的大学生来面对各种挑战。在全球知识型经济的大环境下，进取合作型大学的责任重大，它们将是英国生产力和经济增长的领导者。英国有着雄厚的资本和科技创新能力，高校是其科技创新的主体。协企协同育人在提高高校科技的创新能力和促进产业的相互结合方面起到了积极作用。

2. 英国校企协同育人的模式：“三明治”模式

英国校企协同育人模式主要分为三类：“三明治”模式、教学公司模式、沃里克教育模式。其中，“三明治”模式是英国发展最早、影响最为深远的产学研合作教育模式，也是英国最典型的校企协同育人模式。英国高校最早提出了“三明治”式的带薪实习课程，就是将留学时间分成两段，即学习时间和与课程相关的工商业务或管理实习时间，从而形成“三明治”模式。一般而言，英国的学士学位是三年学制（苏格兰地区除外），而本科阶段的“三明治”式的带薪实习课程则需要四年。前两年学生在学校读书，第三年带薪实习，最后一年再回到学校完成学业。硕士阶段的“三明治”式的带薪实习课程学制为两年，第一年为全日制学习，第二年在企业带薪实习，实行“上课—带薪实习—论文”的模式。工作实习除了可以一次完成，还可以分两次 6 个月的实习，合计为一年，这种课程通常被称为“薄三明治”课程。无论是哪种情况，学生必须都回到大学完成最后一年的学习。这种方法可以使学生在攻读学位期间积累有用的工作经验，毕业时不仅获得学历证书，而且具有实际工作能力。

3. 英国校企协同育人模式的特点

（1）英国政府定位合理、保障措施有力

英国政府颁布了一系列政策和白皮书，来引导高等教育的发展方向。1944 年英国议会颁布《教育法》，企业参与职业教育的主体地位以法律的形式确立下来。1964 年颁布的《产业训练法》，对英国产业训练的质量和数量做了一系列的规定。英国政府采取“顺时引、逆时推”的规范监督和鼓励引导的策略，并提供经费、制度和机构三重保障扶持“三明治”模式发展。进入 20 世纪 80 年代后，英国又颁布了一系列的高等教育法律法规，明确规定了企业在校企合作中的责任与义务。1986 年英国政府颁布的《九十年代的就业》白皮书明确规定，每一个职业资格所要求的知识水平、理解能力和实际技能由该职业的行会或全国性雇主组织指定的产业指导机构制定，经教育与就业部同意后由国家职业资格委员会发布。英国有 150 多个产业指导机构，具体负责本行业国家职业资格标准的制定、维护和改进国家工作标准。产业指导机构根据雇主和就业者的需求，不断完善本行业国家职业资格标准以适应生产技术的变化。1987 年，英国政府在《高等教育——应付新挑战》白皮书中，把更有效地为经济发展服务和与工商界建立更密切的联系，作为 20 世纪最后 10 年高等教育改革主要目标之一。1988 年，英国政府颁布《教育改革法》，将技术课程列为 10 门基础课程之一，规定企业和政府共同创办以技术教育为导向的城市技术学院。正是由于英国政府在教育立法上的不断努力，鼓励企业积极参与教育活动，扩大了企业参与的广度与深度。

（2）英国的企业积极参与，在合作教育中发挥重要作用

英国的企业参与校企合作教育的力度大，在合作教育中具有较大的决策权。首先，企业参与职业教育的管理和相关教育政策、法规的制定。另外，企业参与国家职业资格证书能力标准和职业资格标准的制定，以及学校的评估。其次，企业参与职业培训计划的推广。企业在一些教育基金会等关键机构中任职，大力支持国家推行的各种职业培训计划，以捐资、独资等方式向学校提供资助。最后，企业参与职业教育过程的实施。一些企业直接加入学校领导层，参与办学、核心技能的开发研究，与学校建立合作办学制度，提供实训设备、场地等。英国企业积极参与，为校企合作教育提供物力资源、人力资源和技术资源。

（3）英国大学注重解决现实中存在的问题

英国高等教育体系完善，适应和服务国家经济社会发展需求和区域发展的特质非常明显。首先，大学根据社会、企业的需要设置和调整专业，按照企业或行

业协会制定的标准进行教学，以学生为中心提供优秀的专业学习内容。其次，大学坚持“做中学”的教学方法，帮助学生更好地融入现代社会。大学重视进行社会调查，与多家公司开展合作和培训的项目，安排学生定期到企业参观，帮助学生熟悉工作环境。最后，大学与各类企业结构、公共领域和非官方机构等进行广泛合作。英国政府积极促进大学、科研机构与企业之间的合作。大学推行的科研项目与区域经济发展和国家发展战略相联系。大学提供专家建议与咨询、新产品研究与开发、员工培训、学生实习与毕业生招募等服务以解决更多经济发展的现实问题。

3.2.3　美国校企协同育人的模式及其特点

1. 美国校企协同育人模式的发展

美国是教育强国，是世界上第一个实现高等教育大众化的国家。从美国高等教育发展历程来看，美国高等教育在不同的历史阶段有着不同的发展重点，但是美国在高等教育发展进程中始终与社会发展紧密联系，服务于社会并不断适应社会发展的需要。早在殖民地时期，美国就建立了旧式的学院；美国政治独立后，农业、工业、科技得到快速发展，为高等教育发展奠定基础并提出要求，建立了成百上千所小型学院，并在美国政府积极推动下逐渐走上了高等教育的强国之路；美国工业化时期也是大学转型时期，美国确立了世界强国地位，大学逐渐成为科研的重要基地，在两次世界大战中彰显了其作用和影响，研究型大学的出现，教师专业化有了很大发展，政府职能进一步扩大；高等教育大众化时期，第二次世界大战结束后，美国将高等教育放在国家发展的重要战略地位，构建了现代化高等教育体系；当代高等教育进入兴盛发展阶段，朝着多元化、普及化和国际化的方向发展壮大。

美国大学和企业之间的合作关系可以追溯到 19 世纪晚期。1906 年，美国辛辛那提大学赫尔穆特·施奈德（Helmut Schneider）教授提出“工学交替”合作教育的理念。辛辛那提大学同几家大企业合作创造了产学合作教育的经典模式——工学交替模式。其基本内容是把学生分成两组，一组在学校学习，另一组到合作企业工作，一周后两组交换。这种模式大大提高了学生的实践动手能力，受到了企业的普遍欢迎。之后，合作教育逐渐演变为两种模式：辛辛那提模式和安提亚克模式。辛辛那提模式的学生既作为学生在课堂中学习，又作为企业人员在工作岗位上实践。其特点是学生的工作时间相对集中，是以学习学期与工作学期相互交替来完成的，一个学期上课，另一个学期在企业工作。其缺点在于把校企合作限制在应用技术学科，范围比较狭窄，不利于校企合作教育在多个学科领域中展开。

1921 年，美国安提亚克大学（Antioch College）在所有专业中实施了合作教育，合作教育的形式也在不断创新。为了能让更多学生享受校企合作教育带来的好处，给学生提供更灵活的学习、工作时间，安提亚克大学推出了“并行模式”。学生除了在学校正常的学习外，每周还要利用课余时间做一定的工作任务，采用学习和工作交替的形式，学生半天在校学习，半天完成工作任务。这种模式把单纯增加学生的实践经验和就业竞争能力转变为培养学生的综合素质。

20 世纪 70 年代末期，美国校企之间开展了大规模的正式合作。80 年代初期，知识经济对劳动力提出更高要求，促进了学校与企业之间合作关系的蓬勃发展。1983～1988 年，美国校企合作伙伴关系的数量从 42 000 个上升到 140 800 个。在校企合作的初始阶段，基本上是学校主动寻求企业进行合作，学校方面希望“增强学校与社区的合作，为学生学习提供动力，扩展教学内容及补充师资，获取教学设备”。而作为被动的一方，企业同意合作主要是为了“改善公共关系及提升公司形象”。20 世纪 80 年代初期开始，知识经济快速发展，美国企业需要具有更高素质的劳动者，雇员除了要有扎实的理论知识以外，还要具有较强的实践能力。学校为了给美国的劳动力市场输送优秀人才，需要整合教学内容，学术性和实践性并重，与企业合作变得越发重要。企业意识到和学校合作可以帮助其雇用到合格的员工，为了双方利益，学校与企业开始相互靠近，双方的努力使校企合作不仅在数量上快速增加，而且合作的深度与广度也得以全面提高，从起初简单的一对一的合作协议关系逐渐发展成为复杂的多方面的全面协作关系。

进入 20 世纪 90 年代，更加先进的技术、越发激烈的国际竞争及变化莫测的市场使美国用人单位对雇员的要求更加严格，要求他们具有更加广博的理论知识与更强的实践能力。1991 年 6 月，美国劳工部成立了获取必要技能部长委员会（The Secretary’s Commission on Achieving Necessary Skills，SCANS）。为了帮助学校了解如何改革教学大纲和教学内容，培养学生将来就职所需的高效率技能，SCANS 强调学校必须通过教育让学生“学会生存”，为此发表了《职场要求学校做什么》的报告。这份报告反映了美国雇用单位对学生学习的要求，建议上述能力应该在实际的环境中获取，故而校企合作成为最佳选择，该报告推动了美国校企合作的发展。美国总统克林顿于 1994 年 5 月 4 日签署了《学校至职场机会法案》（*School-to-work opportunities Act*，STWOA）。该法案要求各州建立“学校至职场机会”教育体系。该体系包括 3 项核心组成部分，即以企业为基地的学习活动（注重实际工作经历、现场辅导、掌握技能、工作培训等）、以学校为基地的学习活动（注重学术性和实践性的教学大纲及内容的融合）和连接性活动（把学生和雇主联系起来的各种活动，以及帮助学生获得附加训练的活动）。该项法案的签署及实施，对规范和促进美国的校企合作起到了极大的指导作用。

2. 美国校企协同育人的模式：工学交替模式

美国校企协同育人模式为工学交替模式。

美国的校企合作，帮助学校为社会培养了大批既拥有必要的理论知识又掌握较强实践能力的高素质劳动者。应该说，美国经济的持续健康发展得益于各行业优秀的生产和管理人才，而校企合作起到了很大的作用。美国的校企合作有多种培养模式，常见的合作形式有合同制教学、合作教育、注册学徒、职业实习、服务学习、技术准备教育等。其中合作教育，即我国所说的半工半读，是美国校企合作影响最大和最为成功的模式。美国的校企合作、工学结合教育贯穿于社区学院办学的全过程，以工学交替模式为主。其具体的实施方法：大学生自入学起学习半年后，便将企业的实际训练和大学的教学以两个月左右为期限交替进行，到毕业前半年再集中于学校授课直至毕业。在培训合格劳动者的目标下，开展学校与工商企业、服务部门等校外机构之间的合作，把学生的理论学习、实际操作训练有机地结合起来。其主要特点：第一，办学以学校为主，学校根据所设专业的需要与有关企业取得联系，双方签订合作合同。由企业提供劳动岗位与一定的劳动报酬，并派管理人员辅导学生适应劳动岗位、安全操作，协助学校教师确定学生应掌握的技能，一起评定学生的成绩、劳动态度、工作数量和质量等；学校派教师到企业指导、监督学生劳动，沟通学校与企业合作双方的要求。第二，在教学时间分配上，大致为 1∶1，即一半时间在校学习，另一半时间在企业劳动，学习与劳动更换的方式灵活多样。

3. 美国校企协同育人模式的特点

（1）美国校企协同育人模式的法律、法规健全，可操作性强

首先，联邦政府及州政府对校企合作高度重视。1994 年，克林顿政府更是把美国企业与学校的合作以法律的形式确定下来，要求各州政府建立“学校至职场机会”教育体系。其次，在美国校企合作的过程中，美国政府发挥了积极的引导和协调作用。一方面，其有明确的财政支持。美国法律规定，联邦政府必须拨出专项资金来支持校企合作教育。据统计，1994 年后，美国联邦政府连续 3 年相继投入校企合作的资金分别是 2.45 亿美元、3.05 亿美元和 4 亿美元。另一方面，美国国会通过的《卡尔·D. 波金斯职业教育法案》《国防教育法》《高等教育法》《职业教育法》，以及 2000 年的《美国教育规则》等纲领性的法律、法规，从实施和管理上促进了校企合作教育的发展。政府给予高校更多的支持和指导，高校的教学、科研的触角更广泛地伸入社会，各种教学与生产相结合的教学实践更为普遍。

（2）美国企业的积极参与

在校企合作的初始阶段，基本上是学校主动寻求企业进行合作，而企业被动参与。20 世纪 80 年代初期之后，知识经济快速发展，美国企业需要除了有扎实的理论知识以外，还具有较强的实践能力的高素质劳动者。学校教育紧跟企业需要，真正做到与企业的“零距离”接触。企业逐渐意识到和学校合作的可能性。双方的努力使校企合作不仅在数量上快速增加，而且合作的深度与广度也得以全面提高。同时，美国联邦政府及州政府提供的税收减免、财政补贴及专项资金支持等政策在吸引企业加入校企合作方面起到了重要作用，越来越多的美国企业加入校企合作的队伍。同时，更多的企业意识到高素质的员工对保持企业的核心竞争力起着至关重要的作用，通过校企合作能够发现和培养企业将来适用的优秀雇员，对企业的可持续性发展有着十分重要的意义。

（3）美国大学强调个性化的教育

社会化程度进一步加深，随着社会和个人对高等教育需求的多元化，高等教育的职能也变得多元化。美国的职业教育之所以能够走在世界的前列，主要原因之一在于学校通过与企业的合作能够对当地劳动力市场的需要迅速做出反应，及时调整其教学内容、教学方法及人才培养方案，以适应经济和社会的发展。同时，美国大学更注意培养人的特殊的职业能力和倾向，关注人的能力和个性倾向之间的差别。无论是职业教育还是职业继续教育都是阶段性的教育和训练，只有自我规划、自我负责、自我管理的个体化不断地学习，才是职业和职业变更的最根本保障。在职业要求不断提高和个体职业不断变更的社会中，学习或培训不可能一次性完成，学习不仅成为人们日常工作的一部分，也是职业生涯的需要。因此，高等教育不仅要赋予受培训者当下职业所需要的素质和能力，而且要赋予受培训者终身学习的愿望和能力。

3.2.4　其他国家校企协同育人的模式及其特点

随着科学技术的突飞猛进、生产力水平的高度发展及高等教育从社会边缘走向社会中心的加速，校企合作教育在形式、内容、层次、功能等方面也得到了迅速发展。此后，开展校企合作教育的国家从英国、美国等国家发展到亚洲、大洋洲等几十个国家。

1. 澳大利亚校企协同育人的模式及其特点

（1）澳大利亚校企协同育人的模式

澳大利亚的校企协同育人模式为 TAFE 模式（technical and further education，技术与继续教育）。TAFE 模式是澳大利亚高等教育非常重要的一部分。它的目的主要是培养具有高度专业知识和技术的人才，课程的设置注重专业性和实用性并重，教学内容是将教学工作和课堂教学相结合。澳大利亚政府将 TAFE 模式视为推动经济发展和社会稳定的重要因素，因此积极推动 TAFE 学院的发展。TAFE 模式是以政府主导，同企业、行业密切合作，具有统一教育和培训标准，主要以职业教育与培训为主的教育模式。它是一个面向职业资格准入，融合职业资格和职业教育，强调终身教育培训的模式。

（2）澳大利亚校企协同育人模式的特点

澳大利亚 TAFE 模式主要有以下特点。

1）政府给予资金上的扶持，为培养实用型应用人才提供了强有力的保证。澳大利亚联邦政府及各州政府十分重视 TAFE 学院学习条件的改善与优化，TAFE 学院建有实力雄厚的实践基地。投入巨资建设实验室、实习工场，配备先进的仪器设备，并不断淘汰更新，以满足教学的需要。每年联邦政府和州政府财政拨款就占到 TAFE 学院资金的 50%～60%，其余 20%～30%来源于自筹，10%～20%来源于学生学费。另外，澳大利亚政府在 1990 年制定颁布了《培训保障法》，该法规定“年收入 22.6 万澳元以上的雇主应将工资预算的 1.5%用于对其员工进行职业资格培训”。

2）学院学制灵活，结合学生实际开展教学活动。澳大利亚 TAFE 学院的课程对学习时间和学习对象没有任何规定，根据培训的需要来具体确定，以修满规定的学分、具备相应的职业技能为准。TAFE 学院的招生没有年龄限制，它突破了传统的一次性教育局限，建立了“学习—工作—再学习—再工作”的多循环的终身教育模式。TAFE 学院的课程采取各种灵活多样的教学方法和手段，通过课堂、工作现场、模拟工作场所、网络等诸多方式开展教学。课程内容涉及广泛，具有较强的针对性、实用性。

3）行业、企业与学校在办学过程中密切合作，全程参与。国家及各州设有产业培训理事会作为培训的顾问机构，除对 TAFE 学院的人才培养质量进行定期评估外，还发挥着纽带和桥梁的作用，促进企业与 TAFE 学院相互支持、共同发展。行业、企业除了投资岗位技能培训外，还主导有关职业教育和培训的宏观决策，企业提供员工培训的需求和目标，TAFE 学院委托专人与企业共同商讨培训项目的事项，经企业认可后，由 TAFE 学院照此实施。行业、企业还可直接参与 TAFE 学院管理，对教学质量进行定期的评估和督促。

2. 日本校企协同育人的模式及其特点

（1）日本校企协同育人的模式

日本校企协同育人的模式主要为产学合作模式。日本的产学合作主要分为两种形式，一种为中等教育阶段产学合作，另一种为高等教育阶段产学合作。产学合作是利用学校、企业不同的教育资源和教育环境，培养服务于一线的应用性人才。职业教育机构与企业合作，通过“企业投资”“校企人员交流”等模式，不仅可以解决职业教育机构在校生的实习与就业问题，企业也可以吸收和消化先进技术，提高创新能力和生产效率，从而实现教育成果向生产能力的转化。日本产学合作模式的建立先后经历了从管制走向缓和、政策出台和体制机制规范化 3 个阶段。日本产学合作的主体机制、动力机制与协调机制相互制约、相互依存，灵活有效。其产学合作取得了促进产学合作发展和产学合作实力增强及大学专利申请数量不断增多等多方面的良好绩效。

（2）日本校企协同育人模式的特点

日本产学合作模式有以下特点。

1）日本政府在产学合作的组织、协调和管理方面发挥着重要作用。日本政府颁布了《产业教育振兴法》等一系列与职业教育相关的法律法规，保障了教育机构的建立与运作。

2）给予财政上的支持，确保日本产学合作良性发展。日本政府通过拨款、建立专门的管理机构等，确保产学合作良性发展。

3）重视基础研究和高新技术开发。日本以法律形式规定职业教育教师的从业资格，建立完善的教师进修制度。同时，聘用有实务经验的客座讲师，以提高学生的实际操作能力。

3. 新加坡校企协同育人的模式及其特点

（1）新加坡校企协同育人的模式

新加坡校企协同育人模式主要为教学工厂模式。

教学工厂模式是由新加坡南洋理工学院创建的。新加坡教学工厂模式将现代企业的管理理念、经营理念、项目管理经验引入学校的课堂教学，为学习者或者培训者提供与企业相似的工作环境和经验学习环境，把企业的项目案例和资源引入学校的教学活动中，形成学校、实习中心、企业三位一体的教学环境。新加坡的教学工厂模式实际上是德国双元制模式的改进版。

（2）新加坡校企协同育人模式的特点

新加坡教学工厂模式具有以下特点。

1）新加坡有完善的科研教学体系。各个教学单位根据专项科技的特点设置专业科技中心，专业科技中心是集生产、教学、科研于一体的教学模式，是校企合作的对接与应用的平台。作为展开各项专业教学活动的主体，专业科技中心能够为教学工厂模式的教学实践与高技能学生的培养提供服务与保障。

2）新加坡注重师资的培养和教材的开发。新加坡通过实施教师技能转型计划，鼓励教师参与企业项目研发。教师项目研发能力列入教师技能开发系统，学校每年都会投入大量经费用于教师的实践能力和各种技能培训方面。教师利用在项目开发过程得到的经验，开发校本教材，以保证技术的新颖性。

3）新加坡阶梯递进型人才培养模式。学生前两年进行基础和专业学习，课堂中使用企业实际项目案例进行教学，课余时间到专业科技中心做实验，从事实际的项目研究。第三学年学生半年的时间不再上课，专门从事企业项目的研究与开发。

3.2.5　发达国家高校人才培养模式对我国经济财税人才培养的启示

1. 发达国家在实施校企协同育人方面的共性

美国、英国、德国等国家在实施校企协同育人模式方面具有以下共性。

1）健全有力的法治保障。美国 1962 年就制定了《职业教育法》，明确提出校企合作是职业教育的方向，1994 年美国总统克林顿分别签署了《2000 年目标：美国教育法》和《学校至职场机会法案》，把学校和企业的合作作为高职教育的一个根本原则，促使工商企业与职业学校进行深层次合作。德国有《职业教育法》；日本颁布了《产业教育振兴法》；澳大利亚有《培训保障法》；英国颁布多部法案，并设立重大项目来推动校企合作。这些国家完善的职业教育法律体系，是保障职业教育良好发展的首要条件。政府通过立法的形式来确保校企合作办学的实施效果，尤其在第二次世界大战后经济迅速发展起来的德国和澳大利亚。政府发挥了积极的引导和协调作用。一方面，有明确的财政支持；另一方面，建立健全法律法规体系，从实施和管理上促进了校企合作的发展。政府为人才培养设定专业标准和框架计划，企业和学校依据框架计划细化实施方案，整个过程都有职业教育及劳动力市场的利益相关方充分参与。企业和学校分工合作，保证了职业资格的权威性和劳动力市场的高度认可，保障了校企合作教育的回报，由此又吸纳了新的企业和学生参与校企合作教育，形成了校企合作教育体系的良性循环。发达国家制定直接的和相关的操作性强的配套法律，确立校企合作教育的地位，明确校企合作办学体系中双方的责任要求，保证校企合作人才培养规范有效地进行。

2）权威有效的行业组织。现代的技术和经济发展要求一种具备综合素质和能力的职业者，要求职业教育加强在人才培养和素质要求上的交流和合作，特别是在跨行业的职业教育之间。这也要求强化学校和企业之间的渗透及合作。在发达国家合作办学中，行业（协会）起着组织主导的重大作用。行业不但主导有关职业教育和培训的宏观决策，还参与教学质量评估、参与技能培训等。德国涉及近

400 个职业的职业教育培训条例，分别由联邦、各州、行业雇主协会和雇员协会四方代表共同制定；美国、加拿大由此行业具有多年工作经验的员工制订教学计划，明确某项职业应具备的所有知识、技能要求；澳大利亚行业组织全面参与职业教育产品的开发、办学过程及质量控制。这些行业组织是企业和职业教育联系的重要纽带，细化了企业所需人才的培养目标、知识技能要求，评估了学生掌握相关专业知识技能的程度，扩大了校企合作的层面。发达国家校企合作教育，企业积极主动，全程参与办学过程，如学校管理、专业设置、师资培养、教学计划、课程改革、教学条件建设等。

3）灵活多样的校企协同育人机制。美国在校理论学习与在企业工作实习分配合理，在企业工作实习的时间有保证。在学校环节，确保普通教育和职业教育的高质、有序衔接。严格相关主体的资格准入，教师要求高、待遇好；在企业环节，由行业（协会）负责审核有意愿参与职业教育的企业资质，特别包括对企业专职培训师队伍的要求。日本在资金和技术层面予以支持和服务，不断提升高校整体实力和办学质量。为了增强高校办学的积极性和主动性，日本在科学研究、办学形式、招生制度、课程设置、教师选聘等方面赋予高校更多的权力。德国政府、企业等灵活多元的投资方式，有力保证和维系了校企之间紧密的合作关系，为深层次的校企合作奠定了经济基础。德国扩大高校的办学自主权，如在有关法律条款上取消了一些对高校发展的限制，减少政府行政部门对学校自主办学的干涉，提高经费使用的灵活性；在强化、保障企业在教育中的主体地位的同时扩大高校招生自主权，促进高校之间的合理竞争。

4）重视学生的实践操作能力培养。美国的工学交替模式是其主要教学方式，但是无论何种模式，均将实际操作放在第一位。校企合作办学的主办方是学校，但关键在企业，学生是它们之间的纽带，也是合作成功与否的标志，因为学生最终要到企业谋取岗位。就业是导向，岗位能力是核心，全面素质是基础，这些均要求学生具备与专业相结合的实际工作经历，因而实践操作的重要性高于理论学习的重要性。通过公正严格的考核，持证方能上岗。英国国家职业资格体系中有 900 多种职业要求，覆盖劳动力市场的 87%。集系统性和权威性于一身的职业资格认证，重视学生的实践操作能力。德国在传统的主要培养学术型与工程科技型人才为目标的基础上，注重培养实践动手能力强的高级应用型、技艺型人才。

5）高等院校与企业在合作教育过程中，既可以为社会发展培养人才做出贡献，又可以在许多方面实现共赢。校企共赢是其合作的原动力。德国学校教育，企业积极参与对学生的培养，不仅为学生提供实践的机会，还相应地给予一定的报酬。企业除提供培训设施设备、原材料等资源外，还须负担职业教育经费，支付学徒工在整个培训期间的津贴和培训师的工资。德国经济的持续健康发展得益于各行业优秀的生产和管理人才，而校企合作为造就这些人才起到了很大的作用。

2. 发达国家高校人才培养模式的启示

发达国家高校人才培养模式对我国经济财税人才培养有以下几点启示。

1）明确高等学校的合理分工和定位。高层次人才培养的合理分工是一个国家健康发展的重要保证。许多发达国家高校之间层次清晰、类型简明，每所大学都彼此恪守自己的办学理念，坚持自己的办学特色，保持学校的品牌和文化。高等教育培养出来的应用型人才、技艺型人才与理论型人才、学术型人才都是社会所必需的。近年来，我国进行了高等教育体制改革，基本上改变了由行业部门直接管理高等学校的局面，形成了对高校的中央和地方两级管理模式。但是在办学形式上还没有突破学历教育的范围，高等教育还没有形成普通教育和职业教育的横向沟通、纵向衔接的教育和培训体制。只有进一步完善教育体系，科学定位学校发展，明确人才培养的合理分工，才能逐步建立起适应我国国情的高等教育管理体制。努力保持各层次、各类型高校的稳定，提高教学质量和办学水平，培养特色人才，不盲目追求“大而全”或“小而全”，才能满足我国绿色城镇化发展对各种类型人才的需求。

2）政府加强立法，坚持约束与激励相结合。从国外校企合作发展经验看，政府的大力支持是不可或缺的。政府所采取的优惠政策或规定性政策，鼓励和促进了社会各界（尤其是企业）对合作教育的支持和参与，形成了开展校企合作的良好动力机制。在校企合作双方中，企业要追求自己的利益，很多企业不愿意接受实习生、实训生，很重要的原因是干扰了其正常的生产秩序，影响了其生产效益。政府应主导建立完善的法律体系，健全约束与激励相结合的企业参与教育的动力机制，明确学校、企业或科研机构各方在实施高等教育中的责任与义务。在校企合作培养人才过程中，对为学校提供校外实训基地、参与学校专业设置与教学计划制订的企业可适当地减免税收。引导企业积极主动、全程参与办学过程，同时，要尽早建立校企合作教育办学水平评估体系。

3）注重提升师资质量及学术人员价值。优质师资是一所大学水平和声誉的重要标志，也是一所大学提升高校整体实力和办学质量的前提。要坚持以人为本理念，尊重广大教师在高校的主体地位，不断健全完善高校内部管理体制机制，形成有利于学术人员和优秀教师成长成才的良好氛围。进一步扩大高校的自主权，尤其是在科学研究、办学形式、招生制度、课程设置、教师选聘等方面，赋予高校更多的权力，增强高校办学的积极性和主动性，不断提升高校整体实力和办学质量。在发达国家高校内，大学教授拥有非常高的社会地位和非常大的学术自由。我国高校也应该注重提升学术人员价值，充分尊重学术自由，鼓励探索与创新。

注重提升教授等学术职称的价值，坚决杜绝学术腐败，体现学术的公正性。

4）建立科学的校企合作体制机制，促进校企合作可持续发展。在校企双方合作中，建立互惠互利运行机制，是发达国家校企合作教育得以持久不衰的动力源泉。发达国家的校企合作教育，都建立了科学完善的管理体制和保障其正常运转的运行机制，使校企合作教育得以健康、稳定的发展。德国双元制模式就是学校与企业合作、政府立法支持的管理体制。在整个培训过程中，企业起主要作用，负责学生的实践教学，而学校教学要依据企业的教学计划实施教学。联邦政府根据《职业教育法》对企业在培训上进行管理，各州根据《学校法》《义务教育法》管理职业学校。我国政府、教育主管部门、学校和企业有关各方要与时俱进，不断创新，在校企紧密合作中探索校企合作体制机制。政府与教育主管部门要转变观念，坚持管理与服务并重，并逐渐弱化管理职能，强化服务职能。学校与企业要抓住机遇，紧密合作，学校在制订人才培养方案时要征求企业意见，为企业发展提供高素质劳动者；学校应主动满足企业的需求，在安排学生实习、实训时，制订详细、周密的计划，不影响企业的正常生产秩序；要求学生在实习、实训过程中，应有强烈的职业责任感，通过自身的劳动为企业创造价值，保障企业利益。企业要为学校发展提供人员、设施等全方位的支持，实现学校和企业合作互惠、共同发展，解决学校人才培养规格与市场要求不符的结构性问题。

3.3 我国校企协同育人的发展概况

校企合作有利于深化教育发展的理论研究，拓宽研究视野。中华人民共和国成立后，毛泽东就明确了以“教育必须为无产阶级政治服务，必须与生产劳动相结合”的教育方针。1958 年 5 月 30 日，刘少奇在中共中央政治局扩大会议上发表《我国应有两种教育制度、两种劳动制度》的讲话，并提出：“两种主要的学校教育制度同时并行：一种是全日制的学校制度，一种是半工半读的学校制度。在工厂中，也是两种主要的劳动制度同时并行：一种是八小时的劳动制度，一种是四小时工作的劳动制度。”之后的一段时期内，半工半读教育形式是校企合作教育的经典模式，缓解了我国经济社会建设对技术工人日益增加的需求。加强校企合作，校企双方互相支持、互相渗透是实现学校和企业优势互补、资源互用、利益共享的重要途径。校企合作是培养适应生产、建设、管理、服务第一线所需要的技能型专门人才的重要途径，是实现教育与生产可持续发展的重要途径，是促进科技、经济及企业发展的有效手段。

3.3.1　我国校企协同育人的兴起

我国校企协同育人的兴起主要在改革开放后。20 世纪 80 年代后，我国出台了一系列支持校企合作的政策法规，加快了校企合作制度化进程。1980 年，国家先后颁发《关于中等教育结构改革的报告》《中共中央关于教育体制改革的决定》等文件，都强调加强学校与企业的联系与合作，以校企联合办学、校办企业等为纽带，加强校企合作政策建设。1986 年，国家经济贸易委员会（现为商务部）、国家教育委员会（现为教育部）、中国科学院明确提出了“产学研”联合的主张。1991 年，《国务院关于大力发展职业技术教育的决定》明确提出依靠行业、企业发展职业教育，推动职业院校与企业的密切结合，要求“大力推行工学结合、校企合作的培养模式”。2002 年，国务院下发的《关于推进职业教育改革与发展的决定》，再次强调企业要和职业学校加强合作，实行多种形式联合办学，开展“订单”培训，并积极为职业学校提供兼职教师、实习场所和设备，也可以在职业学校建立研究开发机构和试验中心。2006 年，教育部《关于全面提高高等职业教育教学质量的若干意见》提出，要依靠行业企业发展职业教育；要逐步建立和完善半工半读、校企合作的培养制度，实现新时期我国职业教育改革和发展的新突破。2010 年，《国家教育发展规划纲要》明确提出，要建立健全以政府主导、以行业指导、以企业参与的办学机制，制定促进校企合作办学法规，推进校企合作制度化。

校企合作是当前职业教育改革与实践的一个方向，也是财经类等应用型高校寻求自身发展空间和服务区域经济途径的必然要求。财经类高校对行业企业、政府、社会在校企合作中的角色及作用予以准确定位，加强教育与生产劳动和社会生产实践相结合，克服办学模式中人才培养与社会脱节的困境。以就业为导向，大力推行校企合作培养模式，加快推进人才培养模式由传统的以学校和课程为中心向工学结合发展，了解企业对人才的知识、素质、技术、能力的需求，并进行有针对性的专业设置和课程、教材调整，建立起以能力为本位的教学体系。财经类高校不断探索校企合作长效体制机制的内在规律性和本质要求，形成开放办学，实现学校与企业文化、理念的融合，使学生就业与企业需求达成良好对接；教师要与具有丰富实践经验的技术人员相互交流学习，不断丰富专业知识，加深对企业实际工作的理解，锻炼和提升自身的业务能力与水平。

3.3.2　我国校企协同育人的现状

随着城镇化的快速发展，绿色城镇化发展急需从事生产、经营、管理一线的技术技能型人才。上海、深圳等地调研表明，90%的高技术企业一线工作需要本科层次的高端技术型人才。绿色城镇化发展更多需要的是务实高效，掌握生产建设、经营管理才能的实用型人才。绿色城镇化需要校企深度合作，创新人才培养模式。校企合作是企业与高校之间为追求各自的发展目标，运用各自资源相互协作的一种活动。校企合作是高等教育实现与经济融合的必由之路，是保障高等教育质量和特色的关键要素，目的是为国家培养一批理论基础扎实、综合素质优秀、创新能力和实践能力强的人才。20 世纪 90 年代以来，我国开始大力倡导校企合作，开展“产学研联合开发工程”和国家“863”计划，校企合作取得了显著成果。随着我国科技体制改革和经济体制改革的不断深化，企业与高等院校的联系日益密切。

1. 我国校企协同育人的成就

1）校企合作中企业投资的高校科研经费快速增长。近年来，高等院校科研经费规模大幅度扩大，促进了高校科研水平和教学质量的提高，加快了学科建设步伐，加强了与地方企业单位的横向合作。科研经费的来源途径也越来越多，其中企业资金占据了一定的比例，而且企业的资助或委托高校的比例也有逐年增长的趋势。企业对校企合作方式也越来越重视，大部分国有大中型企业与高等院校建立了多种形式的合作关系，高校科研成果的转化和产业化大多通过校企合作的方式完成。企业传授专业知识和企业文化，部分企业还提供助学金、奖学金等。

2）随着政府对校企合作创新的提倡、创新环境的改善等，校企合作的力度逐渐加大。学校与企业建立定期沟通机制，企业把人才需求信息传递给学校，帮助学校规划专业设置、改革课程和教材、设计教学过程；派遣技术人员到学校做兼职教师。学校派教师到企业进行实践，帮助企业解决技术难题。通过校企合作，将学校资源与企业生产资源进行有效整合，拓展办学空间，强化人才培养的合力，提高教育质量和办学效益。由于学校和企业有着利益共同点，企业能够比较积极地参与学生教育的各个环节，这有利于提高学生的综合素质。特别是通过校企合作、顶岗实习，让学生在提高职业技能的同时，还能得到有效的职业指导、就业信息和就业帮助，提高学生的就业能力和创业能力。

2. 我国校企协同育人的问题

我国校企合作无论在规模方面还是在效益方面都与发达国家存在较大差距。校企协同育人存在的问题还很多，在实践上也难有进一步的进展，主要表现在以下几个方面。

1）缺乏具体的、可操作性的校企协同育人相关政策法规和实施准则。尽管国家对校企合作制定了相应的指导方针及原则，但缺乏具体的、可操作性的政策法规和实施规则，对校企双方在实施校企合作中的责、权、利没有明确的表达。由于企业缺乏约束力和驱动力，很多校企合作的成功做法难以深层次推广，在课程开发、教育标准制定方面难以得到行业、企业制度化的参与。

2）企业的积极性、参与度不高。企业积极性不高的原因有很多。一方面，目前的人才培养水平达不到企业的用人要求。学生专业知识水平比较差，知识较陈旧；技能水平相对较弱，也缺乏责任心，如果进行顶岗实习，会影响企业的正常生产经营。另一方面，企业承担学生顶岗实习的安全风险，校企合作的费用得不到合理的补偿，企业在校企合作中难以实现责、权、利的对等。企业在校企合作中的贡献得不到社会的认可，导致企业的积极性、参与度不高。

3）教师缺乏实践经验，学校师资力量薄弱，学校和企业不能达成互利共赢。学校师资力量薄弱，对企业提供的服务不足。教师缺乏实践经验，专业理论与实践教学脱节，科研水平和技术能力都很难满足企业需求，在产品研发和技术革新中不能获取学校足够的智力支持与服务，难以达成互利共赢。从实际看，企业也不能优先录取优秀学生，实现企业职工素质的提高，使企业的利益难以实现。

4）校企合作缺乏起协调服务作用的第三方。在目前的校企合作机制中，很少有组织和机构能起到第三方的作用，做好校企合作的协调、监督和服务工作。校企合作只是学校和企业两个利益主体之间的合作，没有第三方进行协调、监督和服务，难以保证校企合作顺利进行。

我国校企协同育人存在这些问题的主要原因是校企协同育人机制的不完善。由于校企协同育人机制的不完善，学校和企业的权利与责任区分不清晰；运行机制的不合理、不平衡，无法协调企业、学生、院校和政府之间的关系；分配机制的不完善，不能运用市场经济规则、知识产权法等规范双方的合作关系和行为，维护自身的合法权益；许多校企合作双方利益难以得到满足，没有互惠双赢的长效利益；监督和协调机制不健全，校企合作难以实现规范性与长效性。

3.3.3　国内校企协同育人模式及合作办学模式

1. 国内校企协同育人模式

我国校企合作的模式多种多样，以下介绍具有代表性的模式。

（1）张旭翔和王钧铭（2008）提出的校企合作模式

1）“企业引入”模式。将企业引入学校，由学校提供场地及其他各种服务，建成校内生产性实训基地，为学生提供生产性实训岗位。通过这种合作方式，企业得到了学校在厂房、技术及技术工人等方面的支持，降低了生产成本，而学校获得了学生顶岗实习、教师参与技术开发等机会，实现了生产与教学双赢的效果。

2）“设备共享”模式。建立生产性实训基地，由企业和学校共同提供设备，企业进行生产的同时，也为学生提供生产性实训岗位。这种合作模式可以实现校企资源的互补和共享，使双方的设备兼具教学和生产功能，提高了设备利用率和学生的技能水平。

3）“技术推广”模式。由企业提供先进的生产设备（企业产品），以学校教师为主体针对本校学生及社会人员开展的新设备、新技术应用培训。通过这种合作，学生可以获得最新的技术培训，掌握先进设备的操作技能，而企业则可以达到发展潜在客户的目的。

4）“岗位承包”模式。学校承接企业生产流程外包业务，在企业技术人员的支持下开展生产活动，教师成为生产过程中的技术与管理人员，学生交替进行顶岗工作。通过这种合作，企业可以降低生产成本和人力成本，而学校的师生都可以得到真实生产的锻炼。

5）“校企共训”模式。学校免费提供场地和设备，将企业的内训机构引入学校，双方共同组建“捆绑”式培训团队，为企业员工和学院的学生进行专业技能培训。这种直接引入企业培训课程和培训师资的模式，使学校的课程能紧跟企业要求和技术发展，同时扩充了兼职教师队伍。

6）“培训移植”模式。移植跨国公司的员工培训项目，由企业提供设备及教师培训，教师取得企业的资格证书后，为企业培训员工，同时面向学生实施“订单式”培训。通过这种合作模式，学校不仅在设备、技术上获益，学生的就业质量也得到了保证。

7）“实训承包”模式。由学校提供场地，企业提供设备和师资，在校内建设仿真实习场所，对企业员工进行培训，同时承包学校的相关实训课程。

（2）黄旭（2003）提出的校企合作模式

1）行业企业办学模式。它是指行业主办学校、企业自主办学、政府将原有学校划归企业管理的校企合作办学的模式。行业企业与学校之间是上下级隶属关系。

2）校办产业模式。它是指学校利用校办产业实现校企合作办学模式。实力雄厚的学校可根据专业特点，兴办企业实施科技成果转化，建立开放型的校办产业或建立集教学、生产、科研于一体的实践教学基地等。

3）校企股份合作模式。它是指具有独立法人资格的学校和企业，以股份制形式合作，学校和企业分别以资金、设备、场地、技术等多种形式注入股份，学校和企业共同参与办学全过程，分享办学的各类成果的模式。

4）教学生产结合模式。它是指将教学与生产结合，在生产中组织教学，在教学中组织生产的模式。其具体形式为，部分教学过程在企业中进行，学生直接参加企业的生产过程。该模式在实施时由校企双方共同制订教学计划，校方做好教育教学工作，企业加强生产现场指导。或者是教学资源为生产服务，图书馆、实验室、教室等教学设施不同程度地向企业开放。

5）松散型合作模式。它是指学校以协议书的方式，与一家或多家企业建立人才需求与分配网络，校企双方可共同开展专业建设的调研，也可对历届毕业生反馈的信息进行分析，还可对人才需求进行预测，以指导学校的教学改革。

常见的校企合作办学培养人才的模式还有很多，如“2+1”模式、“订单式”模式、“工学交替”模式、“双定生”模式、“工学结合，校企双向介入”模式、“结合地方经济全面合作”模式、“‘以企业为主’全方位合作教育”模式。

2. 校企合作办学模式

总结各种校企合作办学模式，实际上主要有 3 种合作办学模式：产业式、合作式和协同式。

1）产业式是校企合作比较深层次的结合。产业式校企合作中，行业、企业与学校是上下级隶属关系，包括行业主办学校、企业自主办学等模式。还有校企股份制、校办产业模式。例如，茅台学院就是企业自主办学，校企合作比较深层次结合。2017 年 5 月 23 日，教育部向贵州省人民政府发函，同意设立茅台学院。茅台学院系本科层次非营利性民办普通高校，由贵州省领导和管理，学校定位应用型高等学校，全日制在校规模暂定为 5000 人，首批设置本科专业 5 个，即酿酒工程、葡萄与葡萄酒工程、食品质量与安全、资源循环科学与工程、市场营销。茅台学院办学许可证显示，学校位于贵州省仁怀市，举办者为贵州茅台酒股份有限公司（以下简称茅台集团）。茅台学院院长袁仁国，现任茅台集团董事长。学校类型定位：新型应用技术型普通本科院校办学，以全日制普通本科教育为主，同时举办高、中职教育，普通教育、成人教育并举。学校学科定位：形成以工学为主，经济学、管理学等学科协调发展，学科优势明显，结构合理的学科体系。培养目标定位：培养具有较高专业素质、较强实践能力的服务制酒业的应用型专门人才。立足于小而精，依托茅台集团的白酒酿造专业人才，以酿造工程为主要专业，走专业化、特色化的道路。把学院建成特色鲜明、国内一流、世界有影响独具白酒特色的新型应用技术型普通本科院校，成为全国重要的酒业生产、经营、管理人才的培养基地和科研基地。办学规模：到 2017 年，学院普通全日制在校生达 5000 人，普通本科专业设置达 15 个，以工科（酿酒工程）为主。茅台学院与国家级技术中心——茅台集团技术中心紧密合作，资源共享，建立一支以学科学术带头人为核心，结构合理的科研团队。学院校园建设高标准、高起点、凸显文化特色。高标准设置教学仪器设备，建成能满足教学和科研工作要求的多学科实验中心，设置 1 个以上省级重点实验室，学生实习实训基地达 40 个以上。以社会需求为导向，创新人才培养模式，着力提高学生的学习能力、实践能力、创新能力，努力培养有品德、有知识、有能力、有技术、有创新精神的贵州乃至全国酒业发展所需的应用型人才。

产业式校企合作的特征是整体渗透、优势互补、利益共享、双生共赢。教育环境与工作环境直接融合，理论教学与实践教学有机整合，实训基地与就业岗位双向对应，技术市场与资本市场紧密对接，项目、人才、基地 3 项并举。

2）合作式集中体现在校企合作教育层面，如双元制模式、学徒制模式。工读轮换制，即把同专业同年级的学生分为两半，一半在学校上课，另一半去企业劳动或接受实际培训，按学期或学季轮换。全日劳动、工余上课制，即学生在企业被全日制雇佣，顶班劳动，利用工余进行学习，通过讲课、讨论等方式把学习和劳动的内容联系起来，学生在学校学习系统的课程，到企业去进行技能提升训练。北京化工大学具有雄厚的科研实力，拥有 1 个国家重点实验室、1 个联合国家工程中心、11 个省部级重点实验室和工程技术中心，承担了大批国家级科研项目。学校的科研实力对企业有着巨大的吸引力，有助于实现新技术与新成果间的转化，也为学生创造了大量实习机会。多年来，北京化工大学密切与企业合作，使教学、科研、生产相互渗透，构建了以培养学生创新能力为重点、校内外人才培养基地相结合的教学实践体系，使学校成为培养化工优秀创新人才的重要基地。除了与企业加强科研合作外，学校还采用多种方式与烟台万华聚氨酯股份有限公司、大连冰山橡塑机械有限公司等 80 多家企业建立综合性校外人才培养基地，派遣学生到企业实践。学生以解决企业实际问题为目的选择论文与设计内容，不断促进产学的相互融合，其中承担的国家自然科学基金项目占论文比例的 21%，企业课题占 15%。由于科研成果能够转化为企业经济效益，企业积极主动参与学校人才培养方案的制定和优化，从未来人才知识结构的顶层设计入手，针对生产一线的变化和需求，确定课程体系。2010 年，学校又聘请 4 名企业工程师成为学校教学指导委员会委员，对培养计划做动态调整。同时，学校还聘请 20 余位重点单位的领导担任学生职业发展导师，促进了人才培养、职业规划与社会需求的有效结合。

合作式校企合作的特征是校企结合、工学交替，人才培养的针对性强，供需吻合度高，以董事会制和专业指导委员会形式确立合作关系，校企合作机制健全，资源整合度高。但因合作双方的功利性因素，合作目标与利益的差异性，导致合作层面难以更加深入，校企合作办学难以持久。

3）协同式集中体现在校企协作教育层面，如协议式培养、订单式教育。由企业提供实习基地、设备、原料，企业参与学校的教学计划制订，并指派专业人员参与学校的专业教学。企业优秀管理者或技术人员到学校授课，促进校企双方互聘，企业工程师走进学校给学生授课，同时学校教师给企业员工培训，提高员工的素质。通过校企双方的互聘，学生在教学中获得技能训练的过程，既是提高专业技能的过程，也是为企业生产产品、为企业创造价值的过程，既解决了实训的材料费紧缺问题，又练就了学生过硬的本领，真正实现在育人中创收、在创收中育人的合作目标。另外，实现招生与招工同步、教学与生产同步、实习与就业联体，学生由学校选拔的学生和企业招收的员工组成，教育的实施由企业与学校共同完成，培训和考试内容来源于企业的需要，开设为企业所需的专业技能和实习课程，企业在具体的职业培训中发挥着更为重要的作用。根据企业需要进行短期的技能培训，培训结束后，经公司组织考核，合格者就可按合同上岗就业。

协同式校企合作的特征是人才培养适销对路，供需结合保持了一定阶段和一定程度的吻合度。这种合作针对性强，突出了职业技能培训的灵活性和开放性，培养的学生适应性强，就业率高，就业稳定性好。但学校处于被动地位，校企结合体松散，教育资源和生产资源整合度低，协作过程会受多重因素的制约。西南财经大学“国家经济学基础人才培养基地”于 1998 年 10 月由教育部批准设立，作为教育部批准设立的全国 13 个经济学基地之一，西南财经大学在经济学人才培养中坚持以“育人为本、理论为基、应用为重、创新为魂”的教育教学理念为指导，构建“三位一体”的经济学创新人才培养模式，努力培养适应 21 世纪中国社会主义现代化建设需要，马克思主义经济学理论基础扎实，掌握并能熟练运用现代经济学研究方法，具有国际视野和解决中国实际问题能力的经济学理论创新人才，并取得了良好的效果。在经济学人才的培养中，学校以学科优势为支撑，以教学改革为动力，紧紧抓住基础理论教学、科研训练与社会实践 3 个基点，着力培养学生基本素质、专业能力和科学精神，构建“三位一体”的经济学基础人才培养模式。除了健全理论课程体系，夯实理论基础，强化科研训练，培养学生的科研创新能力外，西南财经大学开展多样化社会实践，培养学生理论应用于实践的能力。为克服传统经济学教学中专业知识学习与实践脱节的问题，学校在学生培养中努力将知识传授、能力培养、素质提升有机结合，在夯实理论基础和强化科研训练的同时，积极开展多样化的社会实践活动，将教学、科研和社会实践有机融合，构筑了立体交叉、多种形式的实践教学体系。除平时在教师指导下开展经常性的科研训练外，学校从 1998 年开始陆续在成都市及周边市县设立了 9 个经济学基地班定点实习基地，定期安排学生到实习基地开展调研实习活动。在实习过程中，安排经验丰富的专业教师带队，给予指导；实习结束后，学生在教师的指导下撰写实习报告。同时，鼓励基地班的学生积极参加学校组织的暑期“三下乡”等社会实践活动，将所学应用于服务社会经济发展中，通过这些措施大大提升了学生发现问题、解决问题、独立思考和科学研究的能力。学校在基地班管理中全面实施导师制，以 1：30 的师生比配备师资，由导师全面指导学生的学习、科研和社会实践活动。同时，不断推进管理工作的制度化和规范化，建立激励和约束机制，建立学生学业和科研奖励制度，引入竞争淘汰机制，实行基地和非基地学生之间的双向流动制（流动约 10%），确保了基地人才培养质量。通过 10 年的建设，基地“三位一体”的人才培养模式取得了显著成效，基地学生基础理论扎实，基本技能水平较高，科研能力突出，人才培养质量得到广泛认可，国家经济学基础人才培养基地的示范功能凸显。

财经类高校更适合采用校企协同育人的模式，通过校企协同育人使企业得到人才，学生得到技能，学校得到发展，从而实现学校与企业“优势互补、资源共享、互惠互利、共同发展”的双赢结果。

本 章 小 结

本章主要介绍了为推进绿色城镇化建设，培养应用型人才已经成为一种不可扭转的趋势。绿色城镇化发展对大学毕业生、财经类高校和经济财税行业三方都提出了新的要求。在校企协同育人过程中，经济财税人才培养的合作关系将更加规范化、开放化、多元化、协同化。

美国、英国、德国等教育强国，虽然高等教育在不同的历史阶段有着不同的发展重点，但始终与经济社会发展保持紧密联系并服务于经济社会发展。这些国家在实施校企协同育人模式方面也具有明显的共性。

我国校企协同育人的兴起于改革开放后。20 世纪 80 年代后，我国出台了一系列支持校企合作的政策法规，加快了校企合作制度化进程，使校企合作呈现快速发展的态势。但不可否认的是，我国校企合作在规模方面和效益方面都与发达国家存在较大的差距。校企协同育人还存在很多问题，在实践上也面临着一些困难，这需要在绿色城镇化发展中不断克服。

校企协同育人是当前教育改革与实践的一个方向，我国的高等教育应不断研究发达国家高等教育发展的动态，借鉴其行之有效的校企合作模式，结合我国高等教育的实际情况，在人才培养方案、教育内容、教育形式、教育管理等方面加以借鉴，促进我国校企合作的进一步发展。我国校企合作办学模式主要有产业式、合作式和协同式。

第 4 章　绿色城镇化发展对经济财税人才培养的新要求

绿色城镇化发展的基本因素是人，而人的素质的提高要依靠教育。从这个层面讲，教育是推动绿色城镇化发展的原动力，是推动经济发展与转型的原动力。高等教育是教育体系的重要组成部分，是社会体系的一个子系统，它必然与社会经济发生千丝万缕的联系。随着绿色城镇化的发展，高等教育与绿色城镇化之间的关系也不断地发生变化。绿色城镇化对高等教育的影响越来越主动，作用也越来越明确；高等教育也日益成为推进绿色城镇化发展的关键因素。

4.1　绿色城镇化发展与高等教育的互动关系

绿色城镇化是中国经济社会发展的必然要求和选择。改革开放以来，我国城镇化水平不断提高。伴随着城镇化进程，高等教育事业取得了长足的发展，初步形成了适应国民经济建设和社会发展需要的多层次、多形式、学科门类基本齐全的社会主义高等教育体系，培养了大批高级专门人才，在国家经济建设、科技进步和社会发展中发挥了重要作用。探讨绿色城镇化建设中的高等教育问题，优化高等教育资源配置，使高等教育在推进绿色城镇化建设中发挥更大的作用，具有重要的现实意义。城镇化的主要特点是要素的集中，尤其是人的集聚，这必将带动高等教育的投入和人口受教育水平的提高。反过来，高等教育水平的提高也必将提高生产效率，促进绿色城镇化的进程。近年来，绿色城镇化加速发展拉动了高等教育，尤其是地方高等教育的迅速发展；而高等教育的大众化、多样化发展，为绿色城镇化发展提供了人力资源和科技支撑。

4.1.1　绿色城镇化对高等教育发展的作用

绿色城镇化建设就是新时期以人为核心的新型城镇化建设。绿色城镇化建设的核心是人的城镇化，人的城镇化本质上是一个人口乡城变迁和人力资本提升的过程，在这个过程中，高等教育作为人口变化的核心因素，自然深受影响。绿色城镇化建设，为高等教育规模扩张提供了物质基础，也对高等教育发展具有导向作用。绿色城镇化对高等教育发展的作用主要表现在以下几个方面。

1. 绿色城镇化为高等教育发展提供物质基础

物质资料的生产是人类社会存在和发展的基础，也是人类一切社会活动产生和发展的基础。人类生产以外的社会活动，包括教育、文化、艺术、体育、医疗卫生、政治等，都是物质资料生产发展到一定水平和阶段才产生的，并随物质资料生产的发展而不断发展。人类从事经济和非经济活动都必须以一定的人力、物力等社会资源投入为条件，高等教育的发展也必须以经济为基础。教育在一定程度上是指通过人力投资的基本形式——教育投资所形成的，按计划培养和训练劳动能力的活动。从形成原因的角度看，教育的投资和经营可以看作一个产业投入产出的过程；从负担的主体角度看，教育成本可以分为社会成本和个人成本两部分。高等教育发展受很多因素影响，如经济因素、社会因素、人口因素、文化传统因素和自然地理条件等。其中，经济因素是高等教育发展水平的重要因素。高等教育发展要保证长期和持续的教育投入，必须以经济的持续稳定增长为前提。从根本上说，高等教育作为培养人才的活动，是社会发展的重要组成部分，而高等教育的发展受经济发展水平的制约。经济的不断发展导致城镇化水平的提高，进而加快绿色城镇化进程。从经济发展和绿色城镇化的传递性关系来看，绿色城镇化发展可以带动高等教育发展，并为高等教育规模的扩张提供物质基础。

2. 绿色城镇化对高等教育发展的导向作用

教育存在于经济活动中，是为了向不同人群传递生产经验和社会生活经验而产生的社会活动。当社会经济发展到一定阶段，教育才从经济活动中独立出来。近代产业革命以后，现代的学校教育才得以出现并发展。从根本上说，教育作为培养人的活动，是社会发展的重要组成部分，其发展最终受经济发展水平的制约。经济发展对教育发展具有导向作用。绿色城镇化与经济双方互动，相互促进，因此，从这一层面来看，绿色城镇化发展对高等教育发展具有导向作用。经济发展最终决定着教育的需求与供给，教育的发展直接取决于其供需结构。随着经济的发展，我国要走以人为本、生态文明、文化传承，符合中国国情的绿色城镇化道路。绿色城镇化发展对高等教育发展也具有导向作用。绿色城镇化发展水平既引导着教育投资的需求量，也引导着教育投资的供给量。绿色城镇化发展的水平影响着高等教育的规模、内容、组织形式、教学方式和教育手段。世界各国高等教育办学规模与经济发展水平具有明显的相关性。随着高等教育规模的迅速扩大，高等教育与绿色城镇化发展也要协调一致。在城镇化发展初级阶段，高等教育入学率随着国内生产总值（gross domestic product，GDP）的增长而增长；而当绿色城镇化发展进入一个相对平稳的发展阶段后，就要求高等教育的规模和发展速度与绿色城镇化建设的规模和发展速度相适应、数量相协调。高等教育发展，既要考虑城镇经济、文化和科技发展的需要，又要考虑城乡居民对高等教育的需求。绿色城镇化发展迫切需要高校的育人与科研活动更直接地参与绿色城镇化发展，并为推动绿色城镇化发展提供服务。绿色城镇化为高等教育的发展提供物质基础和社会条件，也必然会对高等教育提出多方面支持的要求。从这层意义来说，绿色城镇化对高等教育具有导向作用。

1）绿色城镇化决定高等教育的规模、结构与速度。绿色城镇化发展决定着教育的需求与供给，教育的发展直接取决于其供需结构。教育需求，就社会而言，是指在一定时期内经济与社会各部门基于对受过一定教育的劳动者的数量、质量、结构的需求；就个人和家庭而言，指个人和家庭基于对物质的和精神的需要而产生的对受教育的需求。社会和个人对教育的需求受多种因素影响，如人口、社会发展水平，但最基本的、决定性的因素是社会发展水平。绿色城镇化进程中社会经济总量规模越大，对教育的需求规模越大；城镇化发展水平越高，对教育的结构需求也越高。以广东省为例，广东省 1980 年的国内生产总值为 250 亿元，在全国排名第五位，普通高等学校 30 所、在校生 4.41 万人，在全国分别排第九位和第十一位。2010 年，广东省国内生产总值达到 46 013.06 亿元，连续 22 年位居全国第一。在城镇化快速发展的情况下，广东省不仅新办了一批地方高校，包括深圳大学、江门五邑大学、佛山科学技术学院、肇庆学院等，而且通过创办广州、珠海、深圳、佛山等地的大学城，吸引了北京大学、清华大学、北京师范大学、中国人民大学、吉林大学、哈尔滨工业大学、南开大学等一批全国著名高校来广东省办学。2010 年，广东省有普通高等学校 131 所、在校生 142.66 万人，在全国分别排第三位和第四位。教育发展的总量、结构和速度要受到教育需求的影响，但最终是由教育供给决定的，因为绿色城镇化发展可能为教育提供的资源是教育发展的条件和基础。因此，绿色城镇化发展引导高等教育的规模、结构与速度。

2）绿色城镇化决定高等教育的主要内容。科学和技术是现代经济发展的主要推动力，同时它的发展又依赖于社会经济的发展，社会经济发展为科学发展提供了必要的资源。科学的内容又是人类社会生产和社会生活经验的理论形态，因而从这层意义上说绿色城镇化发展决定着教育的内容。在城镇化进程的不同阶段，对大学的服务能力和水平也有不同的要求，绿色城镇化的推进要提高劳动者的能力和素质。绿色城镇化发展进程中，由于城镇的历史传统、现有基础、资源禀赋和产业特点相异，不同城镇对各类大学的发展要求有所不同。高等教育发展与其所在城镇和区域发展息息相关，绿色城镇化发展不仅为高校发展提供必要的物质和生活条件，也对高校定位和资源配置产生重要影响。不同类型大学办学的主要内容是不同的，注重学术研究的是研究型大学，注重先进适用技术研发和运用的是应用型大学，注重技术技能人才的培养和训练的是职业技术型大学。绿色城镇化发展决定高等教育不能只发展研究型大学，而需要越来越多的应用型大学和职业技术型大学。

3）绿色城镇化是保证高等教育长期和持续投入的前提。高等教育的协调发展，从根本上要保证长期和持续的教育投入，这必须以城乡经济的持续稳定增长和绿色城镇化的顺利推进为前提。北京大学国家发展研究院副教授李力行，参加了全国教育事业“十二五”规划专项课题——“教育资源配置对城镇化进程的影响研究”。李力行认为“教育的兴起同样可以引导人口集中”，“相对于教育水平低的城市，居民教育水平较高的城市经济增长速度更快”，“提高居民教育水平，减轻教育机会的不均等，有利于促进中国人力资本的积累和长期的经济增长”，“绝大多数农村居民进城镇落户或居住是为了子女接受良好教育。在镇区中心造就一所教育质量好的学校，其带来的人口集聚效应，远远快于并高于由产业集聚带来的人口集聚效应”。

总之，绿色城镇化发展对高等教育发展具有导向作用。

3. 绿色城镇化对高等教育发展的塑造作用

1）绿色城镇化促使高等教育的创新发展。当前，我国正处在绿色城镇化加速发展的关键时期，国内人口资源总量丰富，但我国面临着产业技术水平较低、创新能力较弱、人力资源开发和管理较为落后的局面。因此，现阶段迫切需要创新绿色产业与技术体系，以支撑绿色城镇化深入推进。绿色产业和技术是支撑绿色城镇化建设顺利推进的基础条件。无论是新能源、新材料、高新技术等节能环保产业的发展，还是传统“三高一低”行业的转型升级，淘汰落后产能，创新都是最核心的动力，而人才是最核心的资源。向社会提供高层次人才和高水平科研，为扎实推进绿色城镇化提供技术支撑，是高等教育最重要的历史使命和战略任务。在绿色城镇化过程中，大都市、中小城市和小城镇等将功能定位和产业布局进行了战略性调整，产业园区、工业开发区和高新技术园区蓬勃发展，产生了大量的就业岗位和用工需求，特别是对大专以上学历人才的需求量不断增加。而在沿海发达地区传统产业向内陆地区转移和企业完成创新转型中，企业也迫切需要一大批掌握先进技术，能从事产品开发、技术研发和技术应用的高层次人才。

2）绿色城镇化促使高等教育的特色化发展。高等学校所在地一般会成为区域经济社会发展的中心，成为区域联系外部世界的通道，成为区域经济社会发展的不竭动力。作为社会先进生产力的聚集地，城市的生产方式是先进的，而作为生产力主体的人，也应该是受到高等教育的。绿色城镇化发展不仅为高等教育提供必要的物质和生活条件，也会影响高校定位和资源配置。进入全面建成小康社会的发展阶段，努力把绿色城镇化发展进程和发展高等教育紧密结合起来，使高等教育和绿色城镇化发展紧密相连、相得益彰。绿色城镇化发展突出城镇的历史传统、资源禀赋和产业特点，促使高等教育的特色化发展。绿色城镇化进程中，社会对大学的服务能力和水平有不同的期待，不但要重视发展研究型大学，也应重视发展应用型大学和职业技术型大学，注重先进适用技术的研发和运用及技术技能人才的培养和训练。绿色城镇化要求合理配置区域间、城际间的高等教育资源，加强高校分类管理和指导，使高校明确办学定位和提供就近服务。

4. 绿色城镇化对高等教育发展的制约作用

绿色城镇化建设对高等教育发展的制约作用体现在对高等教育的规模结构调整等方面。在当前高等教育整体形势从规模扩张向内涵发展转变的关键时期，只有通过调整优化布局结构，才能实现高等教育发展与绿色城镇化建设的良性互动，才能为绿色城镇化建设提供充足的人才支撑和智力支持。高等教育发展涉及人才培养“量”的扩张和“结构”的优化。“量”主要是指高等教育人才培养规模，“结构”主要是指高等教育人才培养的类型结构、专业结构、层次结构等。随着国家及政府对高等教育重视程度的提高，高校培养的优秀毕业生也越来越多。教育部网站刊登的《高等教育第三方评估报告》显示，高等教育规模在实现跨越式发展后持续增长。2014 年，在校生规模达到 3559 万人，居世界第一，高校数量为 2824 所，居世界第二，高校毛入学率达到 37.5%，提前完成《国家教育发展规划纲要》预定的 36%的阶段目标。教育部数据显示，2018 届全国普通高校毕业生预计达 820 万人，相比 2017 年增加 25 万人。高等教育培养的应用型人才越来越多，整体质量也有了很大的提高，然而高校应该培养更多的具有技术含量的毕业生。湖南财政经济学院院长伍中信曾经说：“我国很多科研领域的技术含量已经达到很高的水平，但是奇缺能将这些技术落实到产品上的人才，动手能力强的技术人员还远远不够。”高校要培养能够满足社会发展需要、富有涵养、具有专业技能的人才，只有这样，毕业生才能找到一份理想的工作。绿色城镇化促使我国社会发生深刻的变化。绿色城镇化的主要特点是要素的集中，尤其是人的聚集，这必将加大对教育的投入和促进人口受教育水平的提高。在这一历史进程中，各地对高等教育的经费投入也越来越多，高等教育办学规模越来越大。地区普通高等教育办学规模与绿色城镇化的协调性非常重要。保持地区高等教育可持续发展，需要处理好高等教育办学规模与地区高等教育程度，就业人口增长、地区城镇人口扩张之间的关系。

4.1.2　高等教育是绿色城镇化发展的引擎

《国家教育发展规划纲要》要求树立以提高质量为核心的教育发展观，注重教育的内涵发展。同时也明确了 2020 年我国高等教育的发展目标，即高等教育结构更加合理，特色更加鲜明，人才培养、科学研究和社会服务整体水平全面提升，建成一批国际知名、有特色、高水平的高等学校，若干所大学接近或达到世界一流大学水平。在讨论高等教育办学规模、毛入学率、大学生就业面临的困难时，不能忽视我国高等教育在绿色城镇化进程中发挥的重要作用。国内外的研究证明，教育对绿色城镇化进程具有拉动作用，而高等教育尤为明显。国际上有经济学家曾经预言，中国的城镇化和美国的高科技是 21 世纪带动世界经济发展的“两大引擎”。与基础教育相比，高等教育的社会属性更为明显，这是因为高等教育与知识特别是高级专门知识和科学技术有着天然的联系，在知识与经济结合更加紧密的时代，高等教育必然成为推动社会经济发展的重要力量。高等教育是绿色城镇化发展的引擎，教育水平的提高也必将提高生产效率，促进绿色城镇化的进程。相对于教育水平低的城市，居民教育水平较高的城市的经济增长速度更快。提高居民教育水平，有利于促进中国人力资本的积累和长期的经济增长。

高等教育作为绿色城镇化发展的引擎，其重要性主要表现在以下两个方面。

1. 高等教育对绿色城镇化的带动作用

高等教育对绿色城镇化的发展起了关键作用。

1）在现行户籍制度下，大多数农村适龄青年可以通过接受高等教育后在城镇就业、创业，转变为城镇居民。而越具有高等教育学历的适龄青年，其对职业的非农业化倾向也会越强烈，绿色城镇对其吸引力也就越强。有关方面数据表明，若一位农民转化为市民，消费需求将增加 1 万多元。城镇化率每年提高 1 个百分点，即吸纳 1000 多万农村人口进城，就会带动 1000 多亿元的消费需求，而相应增加的投资需求会更多。目前我国农民工总量达 2.4 亿人，其中外出农民工约 1.5 亿人，由此绿色城镇化蕴含的内需潜力巨大。作为社会的子系统，教育不可能离开一定的社会环境和社会条件而存在。同时，教育的一切活动都要适应社会发展，为社会发展服务，这是教育发展的外部规律。近几十年来，大学在服务城镇化发展方面发挥了巨大作用。例如，世界各国重要的科学技术园区大多依托大学建立和发展起来，其中著名的有美国的“硅谷”、日本的“筑波”、中国台湾的“新竹”和北京的“中关村”等。这些科技园区都通过发展高新技术企业的方式为各国城镇经济发展做出了重要贡献，而其所依托的大学在成为城镇经济发展重要动力源的同时，也拓展了自身生存和发展的空间。人才培养和科学研究能力借此得到迅速提升，成为国际公认的一流大学。各国也越来越重视依托大学提升科技和人才的竞争力，2004～2012 年，共有近 30 所一流大学建设计划在全世界范围内展开，既包括德国、法国等发达国家，也包括印度等发展中国家。

2）高等学校本身的外溢效应比较大，从而能更好地带动城镇第二产业和第三产业的发展。高等教育人口占比最多的省份几乎也是城镇化比重最高的省份。发达国家之所以城镇化水平和质量比较高，关键在于高等教育资源充足、配置合理。美国在推进城镇化之初，就把城镇化和发展高等教育紧密结合起来，并且特别注重高等教育资源在不同区域的相对均衡分布。2014 年，美国有 3 亿多人，大学有 3000 余所。在 51 个州中，只有 18 个州的城市大学数量超过城镇大学数量，且最高不超过 2 倍，33 个州的大学多分布于城镇中，其中城镇大学数量高于城市 2 倍以上的有 21 个州，有的州高达 10 倍以上。2014 年，日本爱知县人口为 710 多万，大学有 73 所；北海道仅有 570 万人口，拥有 62 所大学；枥木县人口有 200 多万，拥有 18 所大学。日本所有的县都有大学，甚至有的县拥有几十所高校。在我国，高等教育资源在不同区域的分布是极不均衡的。2014 年，全国共计 2246 所普通高校，江苏省拥有 134 所普通高校，而西藏自治区仅拥有 6 所普通高校。江苏省拥有的高校数占全国普通高校总数的 5.97%，山东省和广东省分列第二和第三，分别有 130 所和 125 所。全国各省份拥有高校超过 100 所的，是河南省、湖南省、安徽省、辽宁省和河北省。从各省市人口数量与拥有普通高校数量的比例看，广东省当地人口为 10 430 万，拥有 125 所高校，平均每 83.4 万人拥有一所高校。四川省和河南省分别是 82.9 万人和 77.7 万人。而在北京，只要 23.3 万人就能拥有一所高校。可见我国高等教育资源分布极不平衡，而教育资源的不平衡也必然会影响我国绿色城镇化的进程。因此，在绿色城镇化进程中，应注重优化配置高等教育资源。

2. 高等教育对绿色城镇化的支撑作用

高等教育为绿色城镇化发展提供了人力资源、科技资源和文化资源，高等教育是绿色城镇化发展的智力支撑。人才培养是提高地区城镇化率的重要因素：一是农村青年通过到城市上大学，实现从农村向城市的初步转移；二是大学生毕业后留在城市或县镇工作，成为我国绿色城镇化发展的建设者和新一代城镇居民，实现从农村向城市的永久性转移。高等教育为绿色城镇化发展提供了有力的人才支持。

1）高等教育为绿色城镇化发展提供重要的人力资本。随着知识经济兴起，在未来城镇化发展中，劳动者的知识与技术水平将成为最重要的生产要素。可持续发展的新资源离不开高科技的发展，而高科技的发展离不开高层次人才的创新活动，高层次创新型人才则需要高等教育的精心培养。我国要追赶世界先进水平，需要大力开发人力资源，大力发展科技和教育事业。个体在基础教育阶段所形成的基础知识、基本能力要在高等教育阶段进一步发展为专门的应用能力，包括实际工作中的创新能力。高等教育培养的人才将直接进入社会的生产活动过程。因此高等教育是培养高水平创新型人才的关键一环。高等教育的发展水平直接决定着一个国家高级专门人才的数量和质量，也在一定程度上决定着高科技领域的发展水平，从而决定绿色城镇化可持续发展的能力。

2）高等教育为绿色城镇化发展提供先进的科技成果。高等教育不仅通过培养人才为社会的可持续发展提供智力支持，还通过科研活动直接为绿色城镇化发展提供各种知识、技术和产品等支持，为绿色城镇化发展提供不可或缺的重要条件。20 世纪末，发达国家的科学技术对国内生产总值增长的贡献率达到 70%～80%，其中美国国内生产总值中的高科技含量已高达 80%，日本为 75%。在我国一些城镇化发展较为发达的地区，高科技含量约占国内生产总值的 60%，但在一些城镇化发展落后的省份，高科技含量占比还不到 15%。高等教育是国家科技创新体系的重要组成部分，其发展要与绿色城镇化发展紧密结合，既要为现代化建设提供各类人才支持，又要提供知识贡献。由于高等学校具有多学科并存及注重系统知识传授的特点，所以它在总结、整理人类已有知识成果及开展基础研究方面往往占有一定的优势，一所高水平的大学往往是人类知识的宝库。另外，在现代社会，随着各国政府和社会各界对高等学校社会服务职能的强调，高等学校越来越重视科技成果的开发、转化和推广工作，其对于绿色城镇化发展的直接带动作用越来越大，许多高等学校已经成为社会的知识创新与传播及科技发明与推广的中心。

3）高等教育为绿色城镇化发展注入重要的精神动力。绿色城镇化发展不仅需要劳动者知识与能力水平的提高及科学技术的支持，也需要人类成员间的相互理解和合作。要提高人类自身的文明水准，提升人类的精神追求，最实际、最根本的措施在于教育。高等学校担负着传承和发展文化、促进人类个体和社会进步的使命。相对于社会公共环境和多数社会机构来说，高等学校可以为学习者提供一个更加富有理性和人文色彩的文化环境，学生不仅可以学习各种专业知识、锻炼专业能力，而且有很好的条件去学习人文与社会科学方面的知识，从而促使他们感悟人生、孕育理想、涵养心灵，提高精神境界或人文素养。从这一角度看，高等教育可以为绿色城镇化发展注入重要的精神动力，在重建人类精神家园方面发挥更积极的作用，为绿色城镇化发展进行价值导航。

随着现代经济的发展，高等教育与绿色城镇化之间的关系也在不断地发生变化。高等教育的经济功能体现在它对城镇经济增长的拉动上，高等教育为城镇经济发展提供了高科技的生产力，为绿色城镇化发展带来了巨大的发展潜力。绿色城镇化发展进程中，既要注重提高和完善高等教育的经济功能，同时也要保证高等教育的其他功能正常发挥；既要重视高等教育带来的巨大经济效益，同时也要重视它带来的巨大社会效益。适应绿色城镇化建设要求，深化高等教育领域改革，需要调整高等教育的区域布局、学科专业布局。实现高等教育发展与绿色城镇化建设的良性互动还要调整高等教育的结构，不断完善服务城乡发展的高等教育结构体系。深化高等教育综合改革的一项重要任务就是要通过转变经济发展方式，着力解决高等教育在规模、结构、质量、效益上不够协调的问题，以促进高等教育更好地适应绿色城镇化发展的需要。

4.2 绿色城镇化发展对财经类高校人才培养的新要求

当前，我国正处在加快转变经济发展方式、推动产业转型升级的关键时期，关注和强化绿色发展对于当代中国具有非同一般的战略性意义。一方面国内人口资源环境约束日益加大；另一方面产业技术水平、创新能力和人力资源等方面与发达国家仍存在较大的差距。为推进绿色城镇化提供高层次人才和高水平科研，是大学最重要的历史使命和战略任务。按照社会需求，可以将大学分为研究型、应用型和其他类型，不同类型的大学研究重点不同。早在 1930 年，西班牙著名的思想家奥尔特加·加塞特（Ortega Gasset）撰写的《大学的使命》，就认为大学需要利用人类智慧所发明的最经济、最直接有效的方法，把普通人培养成从事具体工作的优秀专业人员，而不是从事纯科学的研究工作者。提高对经济社会发展的服务能力，是高校应承担的社会责任和历史任务。

4.2.1 绿色城镇化发展中财经类高校人才培养的新机遇

绿色城镇化的发展改变了人们的生活方式和生产方式，在此过程中，与城镇化息息相关的教育事业，也会受到影响。绿色城镇化进程的不同阶段，对财经类高校的服务能力和服务水平也有不同的需求。教育要为经济发展服务，及时依据经济结构和经济发展对人才层次和规格的需求，在高等教育的层次、科类、管理体制结构上进行调整，形成高等教育结构与经济结构的匹配和良性互动。

绿色城镇化发展中财经类高校人才培养面临的新机遇有以下几个方面。

1）绿色城镇化需要大量的高层次经济财税人才。20 世纪 80 年代中后期的新经济增长理论，将人力资本作为独立因素纳入经济增长模型，提出了人力资本是经济增长的驱动力或源泉的观点，大大深化了人们对人力资本在经济增长中作用的认识。大学所提供的人才资源和技术服务支撑，在实体经济发展中发挥着不可替代的作用。一直以来，应用技术型人才培养数量在发达国家高等教育中占绝大部分。这与绿色城镇化发展对人才需求的结构是吻合的，而应用技术型高校是这类人才培养的重要机构。通过可持续发展的物质资料再生产、可持续的人口再生产、可持续消费，既有利于资源节约与环境保护，又有利于人口素质提高，从而协调人口、资源、环境与社会经济发展的关系，促进绿色城镇化发展。城镇化是经济发展到一定阶段的产物，是一个国家和地区现代化水平的重要标志。而城镇化率与国内生产总值呈高度正相关。提高城镇化率，能加速第二产业和第三产业发展，促进产业结构优化升级。国内生产总值的增加和产业结构的转变都与税收息息相关。

2）绿色城镇化进程中先进技术的研发和运用需要财政资金的支持。随着世界经济和产业格局的重心重新回归实体经济，“低碳经济”和“绿色增长”成为经济发展的主题。绿色经济是我国未来经济的稳定增长点。近年来，地方政府一直承担着促进地方经济发展、扩大城市基础设施建设的责任。各地先后建成了一些垃圾处理、水利设施等公益性绿色项目。不过，这些项目的资金缺口较大，加上公益性绿色项目投资期限长、前期投入大、收益期比较长，若单纯依靠财政资金则难以满足需求，导致地方对公益性绿色项目的建设动力不足。根据有关专家测算，国内相关的绿色产业所需的年均投资至少为 4 万亿元，特别是在可持续能源、基础设施建设、环境修复、工业污染治理、能源与资源节约、绿色产品等领域年投资额有望保持高速增长态势。中央财经大学教授谭云明表示：“绿色产业是孕育着极大发展潜力的产业，需要进一步加大财税等政策扶持力度。”例如，对节能环保、新能源等绿色产业实行低税负的扶持政策，可以吸引更多的民间资本投入绿色产业。谭云明认为，加大地方政府债券对公益性绿色项目的支持，可以很好地解决地方政府对公益性绿色项目建设的资金问题，从而推进绿色经济发展。不过，要正确引导市场预期，防范和化解财政金融风险。专家表示，还需要加大财政资金的支持力度。通过政府采购、与社会资本合作等方式介入绿色项目。在不干预管理运作的前提下，通过股权投资、专项补偿等方式间接参与绿色项目，达到以较少的财政资金带动更大规模的社会资金投入的目的。加大对绿色经济、低碳经济、环保技术等战略性新兴产业人才的培养力度，发挥科研综合力量的优势，促进地方高校低碳技术及经济领域的跨学科研究，为地方城镇建设和社会管理提供先进技术和财政资金。

3）绿色城镇化发展需要财经类高校的积极参与。长江教育研究院发布的《中国教育指数 2016》中，指数排名依次为北京、上海和江苏，其指数均高于 7.00；指数处于 6.00～7.00 较高档位的有广东、浙江和湖北。另外，与 2015 年相比，天津、甘肃两地全国排名明显上升。中国教育指数包括发展指数（规模、投入、质量、信息、公平、贡献），占比 55%；创新指数（创新、创业、创造），占比 24.02%；绿色指数（健康、生态、法治），占比 20.98%。《中国教育指数 2016》创造性地提出了教育“绿色指数”与教育“法治度”，力求全面反映国家和地方教育生态现状及其发展的健康水平、法治水平和科学持续性。绿色城镇化的本质是发展问题，但又不能忽视环境问题。在推进绿色城镇化发展中，加快形成一种资源节约、环境友好的绿色经济发展模式，需要全社会的通力合作。在吸纳国际先进经验，完整的技术理论，系统的产业、产品认证和检测标准，以及加速人才培训等方面都需要高校积极参与。财经类高校积极主动为经济建设服务，不仅是绿色城镇化发展的迫切需要，也是财经类高校自身发展的需要，只有将自身发展置于经济社会中，才能获得更大的发展空间。

4.2.2　绿色城镇化发展中财经类高校人才培养的新挑战

绿色城镇化建设，为地方财经类高校发展提供了新机遇，也对财经类高校质量提升提出新任务、新挑战。加快推进绿色城镇化，不仅是正处于能源需求快速增长阶段基础设施建设的要求，也是改善和提高城镇人民的生活水平和生活质量，带来能源消费持续增长的客观要求。绿色城镇化需要合理的规划布局、完善的基础设施体系、良好的环境质量。我国作为发展中国家，整体科技水平有待提升，技术研发能力有限，制约着绿色城镇化的发展，也给财经类高校发展提出新挑战。绿色城镇化建设对财经类高校办学理念的形式、学科与专业的设置、学校课程体系的改革、教师队伍结构的调整、校企合作的深入等方面提出新挑战。绿色城镇化发展需要高等教育学校培养更多具有城镇经济建设和社会管理才能的实用型人才。绿色城镇化发展要求地方财经类高校明确应用技术型高校办学定位，充分发挥地方高校的基本职能，为绿色城镇化的健康发展提供支撑。

绿色城镇化发展中财经类高校人才培养面临的新挑战有以下几个方面。

1. 财经类高校转型是绿色城镇化的迫切需要

经济形势的变化和实体经济的回归对绿色城镇化发展、人才培养提出了新的挑战。合理的高等教育结构和完整的教育体系才能支持以高水平技术创新为主体的绿色经济的发展。绿色城镇化进程中，随着科学技术的发展，产业结构不断优化升级、技术密集型产业、高新技术产业、高附加值产业不断增多。产业结构调整和生产方式的变革加大了对技术应用、开发创新人才的需求。财经类高校传统的办学思维方式和培养模式已经不能满足地方城镇经济发展对人才的实际需求。我国现有经济财税管理人员的专业素质、学历层次都不能够满足有效进行经济财税管理的要求，尤其是具有较高经济财税专业水平的复合型人才严重不足。应用技术型高校所提供的高素质劳动力和新技术技能，为城镇经济发展提供了人才保障，在绿色城镇化过程中发挥重要作用。立足服务地方城镇经济发展目标、突出地方特色、培养高水平应用型人才的应用技术型高校，才能更好地服务于地区经济和绿色城镇化发展。遵循教育为经济发展服务的规律，及时依据经济结构和城镇经济发展对人才层次和规格的不同需求，促进财经类高校向应用技术型高校转型，推动高校为绿色城镇化建设就近服务是绿色城镇化的迫切要求。

2. 财经类高校转型是自身发展的迫切需要

近年来，大学生就业难现象突出，而众多企业又难以找到所需的应用技术型人才。这说明高等学校培养的毕业生与社会对人才的需求之间存在不匹配性。其主要问题不是人才培养的数量过多，而是人才供给与需求在培养规格上的不对接。很多财经类高校还存在封闭办学，与地方经济社会发展实际脱节等问题，导致大学生在校期间所学的专业知识不能满足用人单位的需求，毕业后动手能力较弱、就业竞争力低下。部分财经类高校尚未确立科学的教育理念，产教融合的协同培养机制还不完善，教育与经济发展结合不紧密。财经类高校转型是解决人才培养与社会需求脱节问题的途径，以拓宽自身生存和发展空间。

在快速推进绿色城镇化发展时期，应用技术型高校所提供的人才资源和技术服务对实体经济发挥着不可替代的作用。绿色城镇化发展更多需要的是务实高效，掌握生产、建设、管理和服务本领的实用型人才，需要大批培养这类人才的应用类高等学校。快速推进绿色城镇化发展时期，财经类高校向应用技术大学转型发展是解决新增劳动力就业结构性问题的紧迫要求，是财经类高校转型自身发展的需要，也是服务绿色城镇化发展的迫切要求。

4.2.3　绿色城镇化发展对经济财税人才培养的新要求

城镇化进程的不同阶段，对地方高校的服务能力和服务水平也有不同的需求。绿色城镇化建设，对地方高校质量的提升提出新任务、新要求。

1）对应用技术型高层次经济财税人才的培养。绿色城镇化过程中，低碳经济的发展，产生了大量的新的就业岗位和用工需求，特别是汽车、电力、环保等领域对掌握先进技术，能从事高科技产品开发、新能源、低排放的技术研发和能源转化技术应用的高层次人才的需求。绿色城镇化发展既需要节能减排、新能源、垃圾处理、废水处理和空气处置等低碳人才，也需要为低碳经济、绿色经济服务的经济财税人才。绿色城镇化以人为中心，推进绿色城镇化建设的关键是培养相适应的人才，建立与本区域主导产业、支柱产业和区域文化教育相适应的专业布局结构和人才培养模式。我国目前城镇化稳步推进，财经类高校最重要的任务，就是要把丰富的人力资源转化为雄厚的人力资本，培养高层次的经济类财税人才。大力开发人才资源，造就和吸引大批高层次人才，进一步开创人才辈出、人尽其才的新局面，是一项重大而紧迫的任务。

2）对先进技术的研发、运用与文化传承。绿色城镇化发展，需要财经类高校注重对地方经济发展有影响有关联技术的研发和运用；积极参与和承担地方经济社会发展的研究和开发项目，发挥科研综合力量的优势，为地方城镇建设和社会管理提供科学理论和技术支持。此外，绿色城镇化建设不仅需要技术与人才，还需要深厚的文化底蕴，城乡和谐发展需要生态文明，而学校也是思想、文化之源。绿色城镇化发展需要引导学生进行“绿色”思考，了解可持续发展观念，建立科学发展观；绿色城镇化发展需要高校加强对地方历史文化的研究，带动城镇经济发展和城镇品质提升；绿色城镇化发展需要激发教师和学生的创造力和动手实践能力，始终贯穿绿色创新、可持续发展理念，极大地推动我国高等教育结构的优化，最终服务绿色城镇化发展。

3）最重要的是为绿色城镇化发展服务。绿色城镇化推进需要财经类高校为当地经济发展提供智力支持，创造明显的经济效益和社会效益。绿色城镇化进程中，需要财经类高校主动融入城镇，与城镇开展广泛的产学研合作；积极参与地方城镇经济建设与社会管理的决策咨询，为地方政府和有关部门提供创新性抉择方案，并以此推动地方城乡经济的和谐发展。财经类高校积极开展企业帮扶，认真落实结构性减税政策和降本减负意见，实施促进中小企业发展、科技创新等税费优惠政策，切实减轻企业负担，深入服务企业发展。财经类高校积极主动为地方经济建设服务，在服务地方经济社会中获得更大的发展空间。

财经类高校多属应用型高等学校，只有培养具备城镇经济建设和社会管理才能的实用型人才，才能满足绿色城镇化对经济财税人才培养的要求。绿色城镇化发展要求地方高校明确应用技术型高校办学定位，充分发挥地方高校的基本职能，为绿色城镇化的健康发展提供人才支撑。要根据新型城镇化发展需求不断调整财经类高等学校发展方向，加强财经类高校对经济的服务功能。

4.3　绿色城镇化进程中校企协同培育经济财税人才的必要性

财经类高校的前身多为创建于 20 世纪五六十年代的专科院校，隶属于中央部委或省级部门，面向特定行业培养应用型人才。90 年代通过“共建、调整”，由部属划归地方，实行“中央与地方共建，以地方管理为主”的管理体制，又通过“合作、合并”升格本科院校，初步建成多科性大学。1999 年，我国高校开始大规模扩招，财经类院校开始向综合性大学转型。2005 年，高等学校在学人数达 2300 万，高校毛入学率达到 21%，我国高等教育已步入大众化阶段。财经类高校也获得较大发展，扩招政策带来办学规模的扩大，首次出现了 2 万人以上的大型财经类院校。2006～2008 年，财经类院校的规模进一步扩大，招生增长率不断上升。2010 年以后，财经类高校的规模有所控制，大型财经类高校发展势头受到遏制，小规模院校发展较快，招生率稳定增长。经过多年的发展，我国已经建立了以学位教育为主体的经济学人才培养体系，为各个领域输送了数以百万计的高素质经济财税人才。目前总体来看，财经类高校发展到了一定的规模，经济学类本科专业人才培养数量稳步上升，质量不断提高。但是在发展过程中扩招过快带来一些负面效应，如财经类院校对自身发展目标定位不明确，发展过度趋同，缺乏特色；专任教师数量不足，整体素质有待提高；教学内容陈旧，教学方法单一，忽视对学生的个性培养；经济财税毕业生的综合素质、实际能力和专业知识有待提高等。

4.3.1 校企协同培育经济财税人才有利于绿色城镇化发展

当前，中国经济走向新常态，绿色发展是突破未来经济增长所面临的资源和环境约束的必然选择。绿色城镇化建设是城镇化建设的新动力。推进以人为核心的绿色城镇化，有序推进农业转移人口市民化，离不开高等教育的智力支撑。目前，财经类高校的学生普遍注重理论学习而忽视实践能力，与企业的用人需求存在着一定的差距。企业拥有学校所不具备的一些优势，如真实的工作环境和工作压力、企业文化等，紧密衔接经济财税学历教育和在职培训，深度结合职业化与经济学理论教育，使学生学有所教和学有所用，满足绿色城镇化发展需要。校企协同培育人才是更接近实践的教学方式，让学生置身于未来的生活环境，提前适应、感受，并将所学知识运用到实际操作中，这是一种很好的尝试和体验。财经类高校充分发挥自身特色，加强和银行、保险、证券、投资等金融机构，企业单位，科研院所的合作，可以使学校更好地了解企业实践和绿色城镇化需求，明确人才培养目标，使理论教学更贴近社会实际。校企协同培育人才，突出地方特色，激发学生的创造力和动手能力，培养高水平应用型人才，更好地服务于地区经济和城镇化发展。校企协同培育人才，有利于整合课内外多方资源，搭建和完善课程、指导活动、实习实践等教育平台；有利于培养理论基础扎实、综合素质优秀、创新能力和实践能力强的人才，满足市场对财经类人才不断扩大的数量需求和不断提高的质量需求；有利于提高财经类高校办学质量，更好地服务于绿色城镇化发展，满足经济社会发展的需要。

4.3.2 校企协同培育经济财税人才有利于财经类高校自身发展

财经类高校同时具有教学、科研和服务社会的功能，但也存在封闭办学，与地方经济社会发展实际不符，人才供给与需求在人才培养规格上的不对接等问题。实行校企协同培育经济财税人才模式是解决财经类高校产业融合度低、发展空间有限的根本出路。财经类高校加强和金融机构、企业单位、科研院所的合作，有利于培养理论根基扎实，分析能力强，综合素质好，具有创新型、复合型的经济管理类人才。根据绿色城镇化建设为财经类高校发展提出的新任务和对经济财税人才培养提出的新要求，财经类高校只有转变传统思维方式，不断调整办学培养模式，建立符合市场运行规律的校企协同培育人才办学机制，才能使财经类高校的发展具有更强的竞争力。校企协同培育经济财税人才促进财经类高校明确自身发展目标定位，充分发挥自己的特色；促进教师深入企业，提高教师整体素质；促进高校更新教学内容，丰富教学方法；促进高校重视学生个性培养，提高毕业生的实践动手能力、就业竞争力；有利于缩小学校培养的毕业生与社会对人才的需求的差距。

绿色城镇化建设，需要更多具备城镇经济建设和社会管理才能而又务实高效的实用型人才。在快速推进绿色城镇化发展时期，财经类高校和企业、科研院所建立协同的合作互动关系，建立协同教学、协同科研、协同培养的融合联动的校企协同培育经济财税人才模式，既有利于绿色城镇化发展，又有利于财经类高校自身发展，因此校企协同培育经济财税人才是财经类高校教育改革的必然选择。

本 章 小 结

本章主要介绍了随着绿色城镇化的发展，高等教育与绿色城镇化之间是双向互动、相互促进的。绿色城镇化建设为高等教育规模的扩张提供了物质基础，对其具有导向、塑造和制约作用，而高等教育是绿色城镇化发展的引擎。绿色城镇化发展进程中，要保证高等教育的经济功能和其他功能的正常发挥，也要协调经济效益和社会效益的平衡。

绿色城镇化的本质是发展问题，但又不能忽视环境问题。改善环境推进绿色城镇化，形成一个资源节约、环境友好的绿色经济发展模式，需要全社会的通力合作。绿色城镇化发展为财经类高校人才培养带来新机遇，也对地方高校质量的提升带来新挑战。财经类高校经过几十年的发展，已形成一定的规模，但在发展过程中由于扩招过快带来的一些负面效应也需要予以重视。财经类高校自身存在的问题制约着其发展，因此在绿色城镇化进程中，校企协同培育经济财税人才是绿色城镇化的迫切需要，也是财经类高校自身发展的迫切需要。财经类高校只有创新和完善校企协同培育经济财税人才模式才是解决此问题的根本出路。为了提高经济财税人才培养的适用性，为绿色城镇化发展提供支持，财经类高校必须走校企协同育人之路，高校、科研院所和企业都深入人才培养的全过程，从而解决人才培养与绿色城镇化需求不相适应的问题。

第 5 章　绿色城镇化进程中校企协同培育经济财税人才的现实困境

5.1　绿色城镇化发展情况分析

城镇化是以农村人口向城市迁移和集中为特征的一种历史过程，是一个涉及多角度城市发展演进的过程，表现在人空间上的集聚和职业的转换及由此引起的生产方式和生活方式的演变。城镇化在推动中国经济发展过程中占有十分重要的地位，是中国实现现代化不可逾越的发展阶段和不可或缺的组成部分。2001 年，诺贝尔经济学奖获得者斯蒂格利茨（Stiglitz）教授将中国的城镇化列为影响 21 世纪进程的两件大事之一。事实证明，城镇化对于拉动内需、加快投资、刺激消费有着重要的意义。

中华人民共和国成立之前中国的城镇化发展长期处于落后的状况，城镇化的发展十分不平衡。中华人民共和国成立后，为了改变国内落后的局面，重点发展工业化，对城镇化关注甚少。20 世纪 50 年代后期，我国形成了城乡二元分割的社会结构，限制农民流向城市，使城镇化长期处于停滞、缓慢的状态。这一阶段是我国城镇化道路不断探索的时期。宋涛和郭迷（2015）将改革开放和社会主义市场经济体制的建立作为分割点，将中国城镇化分为 4 个阶段：中华人民共和国成立初期到 1978 年的改革开放前的发展阶段，改革开放到 1992 年城镇化的恢复发展阶段，1992 年到社会主义市场经济体制全面建立阶段和 2002 年以后的城镇化全面推进阶段。我国城镇化经历了曲折的发展过程，并在不同的时期表现出不同的特点，具体如图 5-1 所示。

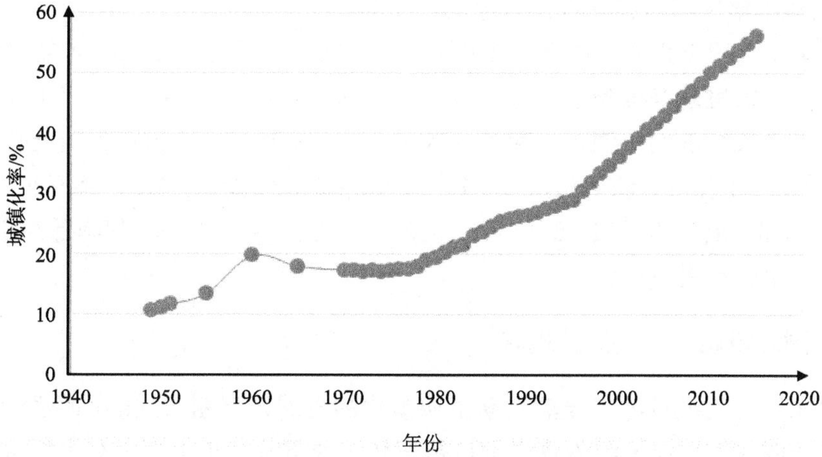

图 5-1　我国城镇化率变化示意

（数据来源：《2016 中国统计年鉴》.）

5.1.1　中国城镇化的发展阶段

（1）中华人民共和国成立初期到 1978 年的改革开放前的发展阶段

中华人民共和国成立初期，中国城镇化率仅为 10.6%。第一个五年计划的顺利完成，使城市人口比重有所增加。但是由于城乡二元分割社会结构的存在，使城镇化长期处于停滞状态。另外，国家提出“备战、备荒”的战略、“三线”建设、1700 多万知识青年“上山下乡”及千万干部下放农村劳动，物力和人力的转移使城镇化进程停滞，1966 年的城镇化率为 17.86%，而 1978 年城镇化率微升至 17.92%。

（2）改革开放到 1992 年城镇化的恢复发展阶段

1978 年 12 月，党的十一届三中全会在北京举行。全会的中心议题是把全党的工作重心转移到社会主义现代化建设上来。以农村经济体制改革为主要动力推动城镇化发展。“上山下乡”的知识青年和下放干部返城并就业；城乡集市贸易的开放和迅速发展，使大量农民进入城市和小城镇；乡镇企业和城市改革促进了沿海小城镇的发展。这个阶段城镇化得到了长足发展，城镇化率由 1978 年的 17.92% 提高到 1992 年的 27.46%。

（3）1992 年到社会主义市场经济体制全面建立阶段

1992～2002 年，此阶段以城市建设、小城镇发展和普遍建立经济开发区为主要动力。进入 20 世纪 90 年代，我国城镇化已从沿海向内地全面展开。2002 年与 1992 年相比，城镇化率上升的速度相对较快，城镇化率从 27.46%提高到 39.09%，年均提高 1.16 个百分点。

（4）2002 年以后城镇化全面推进阶段

2003 年，党的十六届三中全会提出科学发展观的指导思想，随着西部大开发、振兴东北、中部崛起等战略的实施，以及“国家综合配套改革实验区”的设立，促进了中国区域经济的协调发展和综合改革。之后又提出了“建设和谐社会”“城乡协调发展”“社会主义新农村建设”等发展战略指导城镇化建设，经济的快速发展不断推动着城镇化的发展。2015 年，城镇化率上升至 56.10%，我国已经进入城镇化发展的全面推进阶段。

5.1.2　中国绿色城镇化发展的现状

我国在经济发展过程中虽然带动了城镇化的发展，但粗放式的褐色经济发展模式造成资源浪费、环境污染等问题日益严重。城市发展出现“病态化”，如大城市净流入严重而小城市无人问津的城市病阻碍着城镇化的进一步发展，因此，实施绿色城镇化战略迫在眉睫。2011 年，《国民经济和社会发展第十二个五年规划纲要》中明确将“绿色发展”作为国家战略，而城镇化结合绿色后的“绿色城镇化”逐步成为中国走特色新型城镇化道路的重要模式之一。我国绿色城镇化相对于西方国家实践起步较晚，“九五”以来才逐步受到重视，直到 2015 年 4 月，中共中央、国务院发布《关于加快推进生态文明建设的意见》，从国家战略的高度明确提出要“大力推进绿色城镇化”。绿色城镇化是生态文明建设中的主要内容，往往被视为一个相对模糊甚至笼而统之的框架。冯奎和贾璐宇（2016）将绿色城镇化定义为在人口、产业、土地、地域空间等发生转变的过程中注重社会、经济与环境协同发展的城镇化模式。绿色城镇化的 4 个进程可分为人口城镇化、产业城镇化、土地城镇化和空间城镇化，将这 4 个进程作为切入点分析我国绿色城镇化的发展现状。

1. 人口城镇化

城镇化由规模城镇化向人口城镇化转型。任何一个特大型城市的建立都不可避免会经历人口急剧增长的巨大压力，直接原因为城市人口的快速增长。我国在计划经济发展阶段，城市人口增长主要靠自然增长。在我国对社会主义市场经济发展的探索中，大规模的人口流动呈现常态化，人口大量流入城市，其中在经济发展快速的特大型城市尤为显著。伴随着城市数量的增加和规模的扩大，原有的城市规模划分标准已难以适应城镇化发展等新形势的要求。2014 年 11 月 20 日，《国务院关于调整城市规模划分标准的通知》（国发〔2014〕51 号）中提出以城区常住人口为统计口径，将城市划分为 5 类 7 档：城区常住人口 1000 万以上的为超大城市；城区常住人口 500 万～1000 万的为特大城市；城区常住人口 100 万～500

万的为大城市，其中 300 万～500 万以下为 I 型大城市，其次为 II 型大城市；城区常住人口 50 万～100 万的为中等城市；城市常住人口 50 万以下的为小城市，其中 20 万～50 万为 I 型小城市，20 万以下的为 II 型小城市。这种城市人口规模的扩充表现为规模城镇化。人口急速增长的规模城镇化并不能适应经济的增长，我国经济正处于换档期，产业结构正经历着转型升级的“阵痛期”，规模城镇化增长速率放缓。从图 5-2 可以看出，人户分离人口及流动人口两个变量经历了从 2000～2010 年快速增长的过程，2011～2014 年增速缓慢，2014 年都达到顶峰后，2015 年都出现轻微下降的态势（2005 年人户分离人口数据缺失，故采用 2000 年和 2010 年数据的平均值替代）。这种切换表现了我国城市人口结构正处于规模城镇化向人口城镇化的转型期。

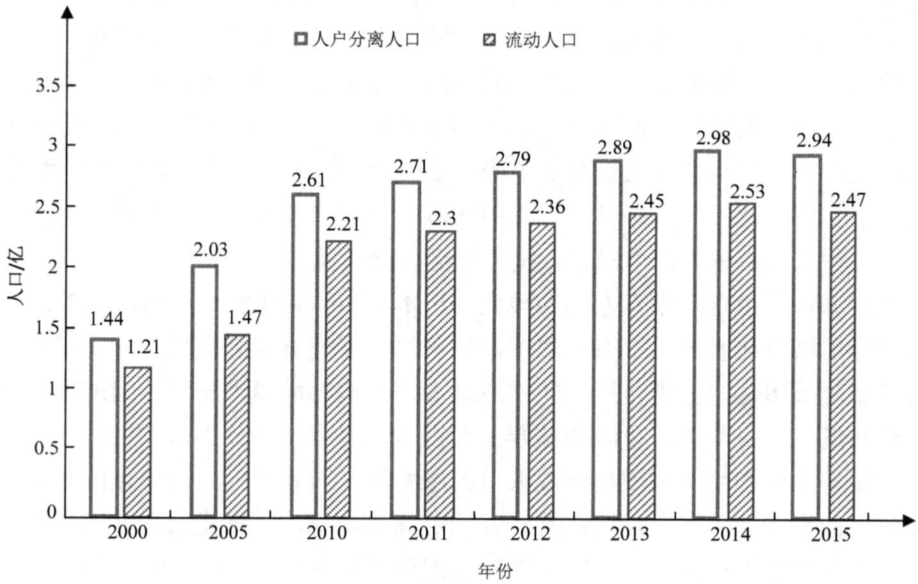

图 5-2　2000～2015 年人户分离人口及流动人口变化

（数据来源：《2016 中国统计年鉴》.）

大多学者对人口城镇化概念的认识，常用城市人口占城市总人口的比例来测度。其实人口城镇化不仅包含城市人口规模的扩大，同样也包括生活方式、城市文明、教育方式等方面的转变。根据劳动力流动行为的托达罗模型（Todaro model），农业劳动者迁入城市的动机主要在于城乡收入差异，这种差异的决定因素主要有城市实际工资率、就业概率、农村实际收入等。因此，人口城镇化的实现需要城市吸纳农村人口进入，并为之创造就业，提供与城市人口同等的社会福利。这给地方政府带来了巨大的财政压力，如教育、医疗、住房保障、城市基础设施建设等。由于我国长期实行城乡二元化户籍制度，地方政府由于财政压力，在教育、医疗、保障性住房、社会保障服务等城镇公共福利及服务方面很少涉及进城务工的农民工，这无疑减缓了人口城镇化的速度和影响了其发展质量。从总体看，由于农民工的工资水平比城镇职工低而且增长速度较慢，导致两者的工资水平差距不断拉大。其原因主要是，大部分农村劳动力自身文化素质较低，在劳动市场上缺乏竞争力。据教育部职业技术教育中心研究所统计，在我国农村劳动力中，只有1/4的人接受过短期的职业技术培训。接受过初级职业技术教育培训的不到5%，接受过中等职业技术教育的劳动力则更少。农民工在文化水平和技术技能方面处于劣势，就业竞争力不足。他们中的大多数只能从事对技术要求不高的低端行业，收入水平难以提高。尽管大多数农民工的劳动时间长、劳动强度大，但他们的收入很低。随着城乡消费水平的不断提高，农民工在城市打工得来的收入远远不能够满足他们改善生活并融入城市的要求。农民在城市中存在着差别待遇，虽然名为常住人口，但无法享受与城镇人口同等的社会保障待遇，无法真正融入城市，更无法在城市永久定居，表现为“不完全城镇化”或“半城镇化”。人户分离人口及流动人口规模出现缓慢增长甚至负增长趋势，这有助于我国继续深化户籍制度、劳动就业制度、社会保障制度等方面的改革，逐步吸收流动人口存量，落实人地挂钩，支撑农业转移人口市民化，提升社会保障质量。

人口城镇化也包括教育方式的转变。日本在城镇化进程中教育改革的经验，对我国绿色城镇化发展具有很大启示。日本对发展教育极为重视，由于其认识到教育发展对城镇化的促进作用，非常注重人才结构与城镇产业发展间的适应性。根据最新统计报告数据，2018年大学生就业人数预计达820万人次，就业形势严峻。我国毕业大学生成为城市流入人口的主力军，对我国人口城镇化的发展进程具有巨大的影响。主要表现在：其一，受过高等教育的大学生素质普遍高于未接受过高等教育的人群，为城市文明的建设起到示范作用；其二，企业表现出对知识型人才的强烈渴望，受过高等教育的人才的科技研发能力更强；其三，受过高等教育的学生更容易适应产业结构的变化，也是响应“大众创业，万众创新”的主角，是推动绿色城镇化发展的中坚力量。

《国家教育发展规划纲要》的颁布实施标志着我国高等教育的改革和发展已经站在一个新的历史起点上，应加快高校专业和学科设置，使产业的发展与专业人才需求相匹配。在经济新常态下，可能会出现某些专业人才培养紧缺，有碍于相关产业的发展，同时也可能存在某些专业人才供应量过大的现象，高校应优化培养过程，提升培养质量，改革现有的人才培养模式。伴随着我国经济的快速发展，经济社会对经济财税人才的需求有一个放大的过程。但现今经济财税人才是供大于需还是供小于求，经济学应本土化还是国际化，这些命题一直困扰着经济财税人才的培养和发展。要培养具有观察经济现象、调查经济问题、分析经济现象和研究经济热点能力的创新型、高层次经济财税专门人才还需要进行经济财税人才培养体系的创新。

2. 产业城镇化

产业城镇化是需要与城镇化相适应的绿色产业化发展。我国大部分城市处于产业化滞后于城镇化的现状，这显然不符合绿色城镇化的概念。绿色产业应与绿色城镇化协同发展，产业化发展过快领先城镇化或产业化过度落后于城镇化，都会对经济社会产生一定冲击。以英国和美国为代表的西方发达国家的城镇化起步较早，且发展迅猛，多高达 80%。同时，西方发达国家也率先进行了工业革命，工业文明使西方发达国家生产力发展迅速，绿色产业的发展不论从数量还是质量上都领先于发展中国家。其研究和开发投入占国内生产总值的 2%以上，而其对经济贡献率多达 70%，对外技术依存度大多保持在 30%以下，产业发展明显领先于城镇化。但在资本主义自由经济条件下，西方发达国家城市开始呈现无序扩张的状态，发展规划结构性失衡、生态环境遭到严重破坏、公共服务滞后、贫富差距两极分化等问题逐渐显现，尽管部分绿色产业取得了显著成绩，但是绿色城镇化发展受阻。以日本和韩国等为代表的发达国家在第二次世界大战后发展经济时逐渐意识到城镇化建设的重要性。在借鉴他国经验后辅之以政府引导城镇化建设为手段，根据每个时期经济发展的需要和有关产业的地位及其作用来确定各个时期的重点产业，并且通过各种手段加以扶持，以促成整个产业结构的合理化和高度化，因此能够率先使产业化与城镇化实现协同发展，并利用绿色城镇化的发展策略成功跨越了“中等收入陷阱”。而拉丁美洲国家在 20 世纪 50 年代，随着现代化进程的快速推进，产业结构由传统的农业向现代工业快速转变，城镇化成就瞩目。从主要拉丁美洲国家的情况来看，2000 年，巴西的城市人口占总人口的 79.9%，阿根廷为 89.6%，乌拉圭甚至达到 93.3%，具体表现为“过度城镇化”。在这种“过度城镇化”环境中，真正处于就业状态的人数占城市总人口的比率不大，大约为 30%，产业不能支撑城镇化继续推进，城市不能容纳更多的人口，贫困人口被迫向城市周边转移。我国绿色城镇化发展模式与拉丁美洲国家趋同，同时，许多绿色城镇化的建设在发展理念上忽视了产城互动，把产业、人口与绿色城镇化发展人为地割裂开来，使许多地区的绿色产业和绿色城镇化发展失衡。

3. 土地城镇化

城市用地结构失衡。土地问题自古以来在国家发展问题上就占据着重要地位，是我国城镇化中不可忽视的推动力量，土地城镇化与人口城镇化相伴相生。但随着我国土地城镇化的快速推进，土地城镇化速度明显快于人口城镇化，导致城市的土地利用率低下的问题突出。我国学者对此也做了充分的研究。地方政府实行的工业用地优惠出让这一“土地财政”政策为工业的发展提供了便利，土地资源粗放使用、土地单位产出过低等问题在工业企业的土地利用过程中普遍突出。高晓娜（2016）从我国城市建设用地结构角度出发，将我国特大型城市（北京、上海、广州）与国际同等属性城市进行对比，发现我国城市的用地结构表现为明显的结构失衡。一方面，我国工业用地比例过高，国际大都市的工业用地比例一般保持在 5%以下，而我国 3 个城市的工业用地比例均超过 20%，超过国际同类水平城市的 4 倍以上；另一方面，我国生活用地水平偏低，仅占建设用地的 50%左右，2014 年为 57.19%，而东京（2007 年）、纽约（2005 年）、伦敦（2009 年）分别高达 86.3%、85.6%、84.9%。一般认为城市用地结构失衡是政府土地垄断供应的结果。以“招拍挂”方式协议出售土地成为最受政府青睐的供地模式，这种模式下土地价格容易出现虚高的现象，在土地日益紧缺的现实状况中，“地王”频现终究无法避免。同时地方政府在工业用地和商住用地上出让策略不对等，为了吸引企业投资，推高政绩。对于流动性强的制造业企业，以划拨或协议为主的低成本地价等手段来留住企业；对于流动性较弱的服务业企业，采用“招拍挂”模式推高低价获取土地利润，在住宅用地上更为突出，这在一定程度上也对房地产价格具有推高作用。

4. 空间城镇化

城镇化进程中随着城市规模的扩大，城市建设土地匮乏，空间城镇化被广泛关注。城镇规划不合理带来系列问题。农民在城镇化建设中扮演着重要的角色，农民被城市提供的更加优越的发展条件所吸引，并转卖自己所拥有的土地以获取短期回报。这种凭借挤占农地扩充城市的发展模式，侵害了农民的切身利益。城市发展的空间结构包括地理空间、社会空间、经济空间等，也是空间城镇化发展不均衡的各方面体现。空间城镇化规划不合理给我国城镇化发展带来一系列问题。目前，我国一些城市因“过度城镇化”导致人口剧增、交通拥堵、环境恶化、资源短缺等，而一些农村因大量劳动力被城市吸收，致使耕地抛荒、劳动生产率低下、污染严重、基础设施落后等。李明泽（2014）以中证绿色城镇化指数为视角，分析归纳我国绿色城镇化相关上市公司分布区域呈现东南地区先行，东北地区跟进，西部地区尤其是西北地区力量薄弱的格局。这体现了中国各区域的城镇化发展水平存在着明显的差异，而这差异有多方面的原因，主要取决于地域优势、政策差异及历史原因等。将空间城镇化置于长周期中审视，非均衡状态还将长期延续。空间城镇化影响人口城镇化，在某种程度上人口城镇化顺应了空间城镇化，然而也存在着两者不匹配的现象。首先，由于地区间经济发展不平衡，各地区教育投资相差悬殊。教育是发展的“正向催化剂”，然而经济发展较落后的地区，教育特别是高等教育发展也很落后。一方面，教师资源短缺问题突出，发达地区生存条件好，发展机会多，工资待遇优越，大部分教师不愿意到欠发达地区发展；另一方面，虽然我国早已实行九年义务教育，但是来自贫困家庭的学生由于缺乏教育费用，没有机会上高中，考上大学，接受高等教育，大部分初中毕业后就开始进城务工。其次，在城市规模扩张的过程中，各高校近几年来也一直进行扩招，纷纷建设新校区，占用耕地的同时造成了许多的问题，如失地农民、待岗学生就业困难等。

总之，绿色城镇化是一个系统且复杂的工程，必须注重绿色城镇化建设战略，以绿色理念为导向，统筹考虑多方面因素。

1）城镇化进程应坚持全面综合的发展，而不是单纯关注人口的非农化。要加大教育改革力度，为人才培养创造条件；让农民完全融入城市，适应城市文明。

2）有必要处理好绿色城镇化与绿色产业的协同发展关系。产业化发展与城镇化发展不相协调，就会对经济社会产生不利影响。

3）地方政府应合理调配土地供给结构，倡导工业土地的集约化利用，减少土地资源的浪费，加大保障性住房土地的供应，为务工农民及毕业生创造良好的居住条件。

4）处理好人口城镇化与空间城镇化的协调关系，增加人力资本积累，同时应保证经济发展与社会发展两者的良性互动。

经济发展需要社会稳定作为支撑，只有社会的稳定才能保证经济的发展。董战峰等（2014）在其所设想的我国绿色城镇化建设战略架构中提出形成绿色城镇化的配套支撑能力是保障，主要包括生态法律制度、生态科技及人才能力建设等。绿色城镇化发展的本质在于人的发展，需要挖掘更多的绿色产业，教育产业是绿色城镇化中的重点领域，应向更高层次发展。在稳步推进农村人口市民化的同时，兼顾高校人才培养的问题，在绿色城镇化的发展进程中，应密切关注经济财税人才培养模式的创新。

5.2　绿色城镇化进程中经济财税人才供需状况分析

教育在国家经济发展中发挥着举足轻重的作用，两者存在着相当密切的关系。科技是第一生产力，生产力的发展促进经济的发展，而科技的发展离不开人才的培养，即离不开教育的发展。发达国家在发展经济的同时特别重视教育的发展。教育与经济发展之间的互动关系如图 5-3 所示。一方面，随着国家对教育重视程度的提高，教育为市场提供各种人力资本积累，其包含各种知识要素和技能要素，它不仅是物质资本的转化“催化剂”，同时也是专利研发的“领头羊”。人力资本积累、物质资本与专利研发等共同组成经济发展的原动力。另一方面，经济发展既包含量变，又包含质变。经济发展量的增加，也就是国民经济总量的扩大，这带来家庭平均收入的增加和对获得教育的渴望的上升，从而带来国民对教育机会需求的扩大。经济发展质的提升，也就是经济结构、社会结构的创新，社会生活质量和投入产出效益的提高。经济结构、社会结构的创新带来社会产业分工的优化，对教育的培养要求也日益严格，国民经济的增长带来政府财政规模及教育公共财政支出的扩大，从而使公立学校的规模扩大。教育规模在经济发展的进程中不断扩大，教育机会需求导向使私立大学的规模扩张，增加了教育机会的供给。

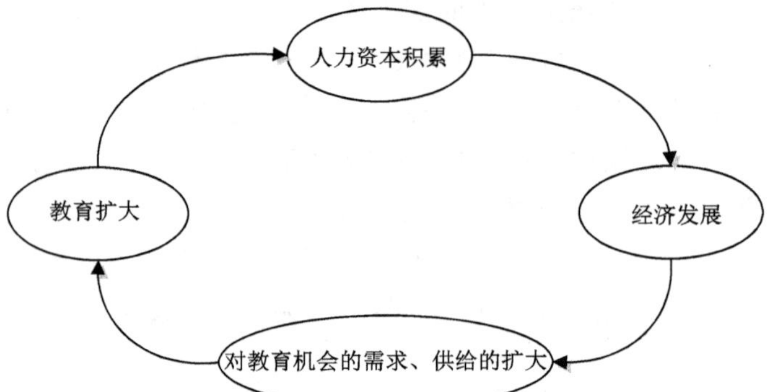

图 5-3　教育与经济发展之间的互动关系

几十年来，中国从计划经济转型为开放的市场经济，这其中离不开经济研究与教育的支撑。新常态下的中国经济发展更需侧重经济理论的导向作用。经济学是一门研究人类经济行为和现象的社会科学。以市场为导向的经济改革和开放，是几十年来推动经济学作为一门社会科学在中国发生根本性改变的直接力量。传统的经济学发展为现代经济学，而现代经济学代表了一种研究经济行为和现象的分析方法或框架，这种分析框架由视角（从实际出发看问题的角度）、参照系或基准点（理解现实的标准）和分析工具三部分组成。现今，我国经济学教育的发展经历了由精英教育向大众化教育转变的过程，经济财税人才培养模式单一问题显现，对我国现代经济学形成一定的阻碍，不适应市场的要求，不能很好地服务于绿色城镇化，在一定程度上阻碍了绿色城镇化的发展。

5.2.1　绿色城镇化进程中经济财税人才供需情况

高校毕业生就业质量状况是高等学校教育和人才培养质量的核心反映之一。随着经济的发展，高等教育转向大众化教育，在绿色城镇化进程中经济财税人才社会供需状况也发生了变化。

1. 供给方面的变化

我国高等教育经历了由精英教育向大众化教育的转变过程，提供了越来越多的经济财税毕业生。近些年来，由于国家教育方针的改变，大学生的数量越来越多，经济财税专业也不例外。通过一些具体措施，如政府对教育机构管制权的放松、高等教育市场化及全球化趋势更加明显，经济财税的毕业生越来越多。

1）设置经济财税类专业的高校越来越多。近年来，政府对教育机构管制较宽松，非政府资本在教育事业的投入增加较多。高等教育市场化，其存在的逻辑在于支撑近代大学机制的机能削弱的状况下，现代高等教育就需要更高效率地经营，更密切地适应增加和变化着的社会需求，并且需要从社会直接获得资源。这种市场化存在两个向量，其一为政府对高等教育机构管制的间接化及宽松化；其二为不通过政府介入，而由社会直接引入资源。政府对教育机构管制的宽松化降低了私立大学购建的成本，非政府资本在教育事业的投入增多，私立大学数量每年都有增加。同时，通过放低高等教育对大众的门槛，很多大学纷纷投身于新校区的建设，这样的教育大众化途径让更多的人可以接受高等教育，使大学教育更加普及，全民受教育程度普遍提高。相应地，各高校纷纷效仿开办经济学、财税学专业，并且通过扩招的方式招收更多的学生，导致经济财税毕业生越来越多。

2）经济财税类大学生具有价值多元化和个性化的特征。从学生自身角度看，年轻人的意识发生了很大的变化，当代大学生具有价值多元化和个性化的特征。高校中理科和工科是本科专业的主体，无论是高校开设数量还是招生人数，都是比较多的学科。理科主要是学习一些基础理论，学生的理论知识比较扎实但在动手和实践方面比较欠缺。工科主要是技术实践应用，学生具备相当的动手能力和独立思维能力。人们习惯地把理科和工科合在一起称为“理工科”。理科的理论性较强，适合做研究；工科是将理科研究的结果加以利用，但是制造业部门大多枯燥无味，而部分化工专业工作环境和条件较艰苦。特别对于女生来说，理工科女生毕业后不太好找工作。文科也有很强的理论性，但文科中的会计、财务、财税、市场营销和国际经济与贸易这些专业与市场结合得很密切。在经济全球化的社会，生活无处不经济，全民推崇经济理性，所以有大部分大学生认为不学经济学很难在这个社会立足。大学生完成学业，一部分毕业生选择考研继续深造，一部分毕业生选择考公务员，一部分毕业生进入国有企业，还有一部分毕业生选择自主就业。从普通本科经济学学科学生就业毕业情况来看，如图 5-4 所示，2011～2015 年普通本科经济学学科毕业人数持续上升，并且越来越接近当年的招生人数。

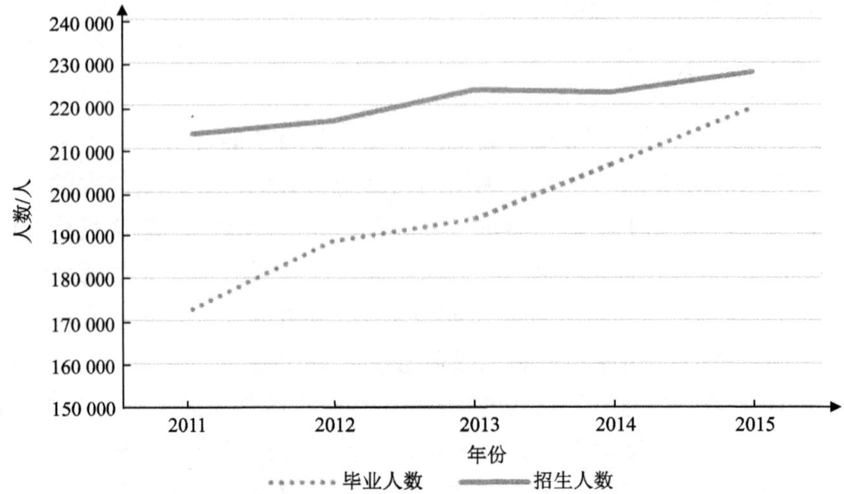

图 5-4　普通本科经济学学科学生就业毕业情况

[数据来源：《中国统计年鉴》（2012～2016 年）.]

3）经济财税类大学毕业生地区的差异化分布。我国各地区城镇化发展还很不平衡，区域分化加大带来人口迁移。大都市圈汇聚人才和优质公共资源，吸引人口源源不断流入；而一些老工业城市不能及时调整产业结构，将面临城市竞争力下降、人口流失等发展陷阱；西部地区的自然条件和经济发展水平落后于东部沿海地区。城镇化发展较好的地区拥有良好的就业环境，包括基础设施齐全、医疗卫生保障良好等，这也导致高校经济财税类毕业生就业地区的差异化分布。2014 年，经济学专业毕业生在东部沿海地区、北部沿海地区、南部沿海地区的就业比例分别为 21.66%、20.14%、17.60%，而在西南地区、西北地区及东北地区的就业比例分别为 7.78%、1.19%和 5.58%，沿海地区总就业比例高达 59.4%。可以看出城镇化发展较好的地区，由于城市竞争力强，对大学毕业生的吸引力较大。但是，随着我国特大型城市及大型城市人口的不断增多及商品房价格的不断上涨，大学生的就业压力日趋攀升，二三线城市成为一些大学生寻找就业的目的地。麦可思研究院就业调查数据显示，本科毕业生的就业城市分布已初步呈现“重心下移”的趋势，并且该比率在 2016 年有所上升，同时也进一步加速了绿色城镇化的进程。绿色城镇化的进程中我国高等教育市场化为绿色城镇化的建设提供了越来越多的经济财税类毕业生，地级市及以下地区是大学生未来的主要就业去向，且比例持续上升。

2. 需求方面的变化

经济学作为一个大的专业学科，其还有很多分支，如政治经济学、西方经济学、财税学、计量经济学、产业经济学等。正由于该专业宽口径的特征，毕业生的就业方向呈现多样化，毕业生既能在各行业中从事经济预测、分析研究等工作，又能从事市场营销、生产管理、行政管理、人事管理、金融管理等工作。但是，在绿色城镇化进程中，在现有的高等教育体系下经济财税人才供应增加的状况下，分析经济财税本科毕业生需求的变化趋势，对创新人才培养、改革培养模式等都有重要的意义。我们分析了经济财税毕业生失业率有所降低，从经济财税人才需求方的变化中我们可以发现这种比率的降低是符合现实状况的，同时也反映了劳动力市场对本科经济学类毕业生的需求量见长。

1）对应用技术型人才的需求远远大于基础学科人才。调查结果显示，在企业对人才需求量较大的专业中，大多为应用学科专业，依次为计算机、企业管理、机械、财会统计、市场研究与情报策划、化工、公关、金融证券、邮电、通信、交通、房地产、中文、文秘、广告传播等。而对基础学科专业需求较多的只有外语，而对生物学、物理学、数学等基础学科专业的人才需求十分有限。随着多种类型的经济实体不断涌现，国税和地税的分开征收等因素，会计师的需求幅度增加较大，尤其是熟知业务和国际事务的税务会计师将成为热门人才。咨询经纪人（咨询服务类）咨询服务将渗透到社会的各个行业，同时现代社会对咨询精确程度的要求提高，使该行业日益走俏。此类岗位需要融经济、金融、统计、计算机等专业知识为一体的通才。一般财经专业中社会需求相对较大的是资产评估、物流管理、财政税收等；需求较少的是会计、保险专业、经济学、财政学、统计学、价格学、国民经济计划等。与传统银行业务收缩形成鲜明对比的是投资银行的蓬勃发展，未来十年是中国投资银行业发展的黄金时期。投资银行业的发展壮大，需要大批专门的金融投资人才。劳动力市场对人才专业需求、学历层次要求不同。需求量较大的专业人才可归纳为技术型、经济型、辅助型 3 类，其中技术型人才包括计算机、机械、化工、仪器仪表等专业人才；经济型人才包括企业管理、市场研究、情报策划、财会统计、国际贸易、金融证券等专业人才；辅助型人才为外语、公关、法律、邮电、通信、交通、建筑、房地产等专业人才。企业对经济型人才的学历要求明显高于技术型、辅助型人才的学历要求，多数企业要求大专以上学历，而对技术型人才的学历要求则多为中专或中专以上学历。财经类就业人员普遍受教育程度较高，就业范围可涉及企业管理、市场研究、情报策划、财会统计、国际贸易、金融证券等行业，而这些行业对财经类人才的学历要求一般高于对技术型人才的要求。企业比较关注人才的综合技能，没有高学历层次的人是难以胜任的。

2）对经济财税人才的需求转向多样化、宽口径就业。本科生毕业后存在一种由“单一出口”向“多口径分流”转变的态势。绿色城镇化的发展离不开产业城镇化的发展，绿色产业是绿色城镇化的重要一环。在发展产业城镇化进程中，产业分工也不断优化，2016 年第三产业服务业产值在国内生产总值中所占比重上升至 51.6%，这种结构性的变动对就业具有创造效用，也就是说，产业结构变化过程中会创造新岗位，而第三产业产值占国内生产总值比重的进一步增加给经济财税人才需求扩张带来“福利”。为满足现代服务业的要求，经济专业化不断加强，经济社会对经济财税人才的需求转向多样化，即宽口径就业。经济财税专业的宽口径特征拓宽了毕业生的求职方向，提高了就业相关度。相关数据显示，2010 届、2011 届经济学专业毕业生三年后的专业相关度分别为 69%和 63%，只低于医学、工学两学科毕业生。一方面，根据《中国大学生就业创业发展报告》，“985”“211”高校及普通本科毕业生在互联网进行创业的占总创业毕业生的比例高达 82.31%，而创业人群中以工学、经济学、管理学专业学生为主，分别占到 27.28%、19.85%、16.81%。2016 年 10 月 26 日，人力资源和社会保障部与教育部发布《关于实施高校毕业生就业创业促进计划的通知》，要求拓宽多元化资金支持渠道，落实创业担保贷款政策，鼓励天使基金、风险投资和创业投资基金等社会资本投入，以多种方式支持高校毕业生创业。为响应政府号召，各高校的创业园区成为有意向创业学生的“孵化器”，这种创业帮扶渠道的增加为大学生提供了优质条件，一定程度上减小了大学生创业的压力，为有想法、有项目的学生搭建了平台。另一方面，攻读研究生是大学生的另一种选择，在重视知识密集型发展的我国，国内高校对研究生招生的额度有所增加，而许多学生为了职业发展的需要而选择主动读研，这不仅能提升自己的科研能力，又能拓宽自己的就业前景，并不是因目前就业压力大而做出的选择。同时，经济学作为一门宽口径的专业，涉猎知识领域广泛，可研究范围大，2013 届、2014 届经济学读研转换专业比例高达 37%、36%，仅次于管理学专业。同时，民营企业成为吸收大学生的主要力量。我国市场经济发展的过程中，民营经济已经成为经济增长的“着力点”，而随着民营经济逐步发展壮大，它将成为吸收社会劳动力的主要力量，2016 届大学毕业生在民营企业就业的比例达到 60%。麦可思研究院 2015 年详细的调查数据显示，除医学专业毕业生对应的用人单位主要为事业单位机构外，其他各学科毕业生在民营企业工作的占 50%左右，特别是经济学专业用人单位以民营企业/个体和国有企业为主，总占比达 76%，其中民营企业/个体占比为 49%。而《2017 年中国大学生就业报告（就业蓝皮书）》调查显示，中国大学毕业生在民营企业就业的比例从 2012 届的 53%上升为 2016 届的 60%，与此同时，在国有企业就业的比例从 2012 届的 25%下降到 2016 届的 19%，在中外合资/外资/独资企业就业的比例从 2012 届的 12%下降到 2016 届的 8%。所以，经济学专业学生的就业方向仍将以民营企业为主。

3）企业对大学生能力需求端的明晰化，增加了企业对经济财税人才需求的匹配效用。随着信息时代的突飞猛进，求职通道多样化对经济财税人才需求方有着重要的宣传作用，全国大学生可以同时争夺同一个岗位。企业比较关注人才的综合技能，希望所需人才具备较强的营销意识、知识面广、有良好的人际关系、有较强的管理能力和较好的外语水平。企业所需的理想人才应具有的素质主要集中在 3 个方面：有敬业精神、实际工作经验和受教育程度高。在这种竞争不断加剧的环境中，企业可以利用各种渠道寻求最佳人选，根据麦可思研究院调查发现，2017 届毕业生仍以学校组织的招聘会（参与人数比例为 58%）、职业生涯发展规划（参与人数比例为 34%）、发布招聘信息（参与人数比例为 31%）为主要的就业指导活动。同时，企业对大学生能力需求端的明晰大大增加了企业对经济财税人才需求的匹配效用。

5.2.2　经济财税人才供需结构问题

人口城镇化是绿色城镇化发展进程的重点方向，而我国大学毕业生成为城市流入人口的主力军，对我国人口城镇化的发展具有巨大的影响。社会对经济财税人才的需求越来越大，虽然经济财税专业本科生就业率相较其他学科比较靠前，但并不意味着经济财税人才实现了与市场的完美衔接。就业率高只是一种表面现象，如果将毕业后考上研究生出国留学及自主创业的学生算在成功就业的比例中，那么就业率在其他学科中偏高就很正常了。透过现象看本质，本科生就业具有比较大的盲目性，特别是对于就业口径宽的经济财税专业的本科生来说，大多数学生抱着“先就业再择业”的心理草率就业，教育的产出回报率低，人才供需结构问题突出。从毕业生个人需求来看，当毕业生的个人需要符合社会需要时，毕业生的就业就有保障；当个人需要离开了社会需要时，个人需要就没有了意义。例如，传统的工科专业虽然社会需求较高，但是如果毕业生就业期望值过高，将满足个人需求作为就业的主要目的，那么毕业生再怎么争取都没有市场。因此，毕业生只有将个人需要和社会需要相结合时才能适应社会的发展，才能找到合适的工作。经济财税人才供需矛盾主要表现在以下几方面。

1）人才过剩与人才短缺两难的矛盾。虽然我国已进入高等教育大众化的阶段，但面临着人才供给丰富而适合人才缺失的“供给悖论”。绿色城镇化正处于产业结构调整中，一方面，一些就业市场出现明显的人才过剩现象；另一方面，一些地区和企业急需大量的人才，但应聘者寥寥无几。在城镇化发展发达的地区和城市有人才过剩之虞，而在中西部城镇化发展欠发达地区则有受教育不足之苦，毕业生去向与城镇化进程不匹配，就业重心还处于顶端位置；人才市场中两极分化明显，即某些行业和企业正在享受着人才的高消费，另一些行业和企业则受制于人才短缺。

2）人才培养专业结构与绿色城镇化建设需求不符的矛盾。我国高校教育体制改革滞后，没有形成以市场需求信息为导向办教育的局面，人才培养模式特别是专业设置难以满足绿色城镇化发展对人才的需求。而专业结构设置是依据社会分工需要和学科体系的内在逻辑而进行的，在一定程度上讲，社会分工体现在教育领域，就是专业。一些高校的专业设置缺少基于就业市场信息分析的科学论证，既不能得到社会和行业的认同，也难以适应绿色城镇化进程中劳动力市场的实际需要，造成高等教育专业人才培养与劳动力市场的需求严重脱节。高等教育的专业结构与社会分工对人才需求的职业结构不能与社会分工对人才需求的职业结构吻合，因为劳动力市场需求反映产业分工的变动方向，产业结构的快速转换给劳动力市场需求带来一定的负面效应，所以劳动力市场更多需要掌握最新理论并能产生效益的人才。然而，高校人才培养体系固化，经济财税本科生所学理论与企业生产的变革难以同步，从而阻碍了产业分工的转换，不利于绿色城镇化的建设。

3）大学生教育择业选择与绿色城镇化建设需求错位的矛盾。随着我国高等教育的发展普及，当前大学生在就业市场上的主体身份已从社会“精英”转向“大众”。但我国许多大学生并不了解就业市场的时代特征和真实人才的需求信息，出现了教育择业上与市场实际的需求错位的盲目选择。随着现代经济社会的发展，多数学生和家长认为“知识改变命运”，绝大多数学生强烈希望自己能接受高等教育。例如，当前就业市场上许多行业高级技术工人奇缺，企业花费高薪也无人可聘；大量的高等职业学校一再降低录取分数，却仍然生源不足。毕业生择业方向与企业所期盼的大相径庭，大学生抱怨“就业难”，而用人单位哭诉“招不到人”。大学生的教育择业选择与市场的不匹配性显而易见。经济财税学生毕业后大多倾向于在大城市从事公务员、科研教学等精英性工作，不愿在小城镇基层、基础性工作岗位上就业。由于受编制所限，考公务员等就业的途径早已拥堵不堪，导致每年有大量的学生在等待就业。虽然很多学生加入了“考研大军”，但现实状况不理想，大批学生错过了寻求工作的最好机会。

5.2.3 经济财税人才供需不协调原因探究

当前我国高等教育人才供需矛盾的出现有多方面的原因：高校专业设置结构不合理、课堂体系不完善、培养模式不灵活；大学生“考证热”而缺少社会实践，择业存在“羊群效应”；企业参与高等教育贡献少，招聘存在非重点歧视的传统观念等。但其根本原因是市场、高校及接受教育者之间信息的不协调，信息不完全导致高等教育人才供需矛盾。从经济学的理论看，如果市场是完善的，价格体系是灵敏的，每一个参加市场交易的人对于现在和未来的市场信息都有充分的了解，供求的变化会随着价格的波动而随时进行调整，那么需求总量必定等于供给总量。市场机制失灵最直接的后果就是资源配置的无效率，供求无法得到及时合理的调节。因信息不完全导致供需失衡的状况不仅存在于经济领域，还存在于高等教育人才供给和大学生就业市场领域。当前高等教育人才供需矛盾是就业市场调节失灵的后果，市场调节失灵重要的原因之一是市场机制的不完善，市场供求主体的信息也不完全，供给和需求往往在不完全市场信息的引导下，呈现失衡的矛盾局面。在高等教育人才供给与配置的就业市场上，存在着高校、大学生、用人单位信息不完全的现象，从而影响了教育产品的供求平衡。

1. 高校的信息不完全

高校的信息不完全是最重要的原因。教育市场化虽然一定程度上削弱了教育的垄断程度，但以政府间接领导为主的总体格局降低了高等教育的办学质量，甚至有许多高校的人才培养模式不灵活，校企协同育人培养模式还没有真正建立起来。这主要表现为：其一，高等学校作为人才供给主体，在很大程度上没有主动去获取、分析市场信息。同时它的市场信息也是不完善的，高校的信息不完全衍生出各种各样的问题，市场信息不完善体现在高校对专业结构设置上。在社会的大分工背景下，专业设置显得尤为重要，一方面要满足社会分工的要求，另一方面又要遵循科学发展和人才培养自身的规律。社会分工快速转换对劳动力市场的负面效应，使专业设置的数量与结构难以与职业种类及结构变化的要求相匹配，人才培养中专业结构设置与绿色城镇化建设需求不符的矛盾难以避免。其二，高校缺少专业结构设置及招生规模的自我约束机制，盲目满足个人对某些符合预期的高回报专业，即“热门专业”的学习需求。这种矛盾造成专业结构与社会分工的需求关系脱节，给绿色城镇化的建设需求造成巨大的冲击。经济财税等专业经历着专业结构与绿色城镇化建设需求不符的现实矛盾。其三，一些高校远离城镇化，对于复杂的、瞬息万变的劳动力市场信息和个人需求信息很少做调研，设置专业时市场调研和市场预测不够，不能主动适应市场的变化和需求。专业结构调整滞后于就业市场的需求变化，培养的人才与就业市场的要求存在较大差距。高校的人才培养理念与目标是大学生接受培养教育的关键因素，对就业能力的提升起关键作用，但是很多高校并没有意识到两者的重要性。事实上，人多数高校人才的培养理念不清晰，培养目标不切实际。

高等教育中出现的主要问题不是经济财税人才供应过多，而是经济财税人才培养供应双方的脱节。表现在产业发展方向上，全国性与地方性所具有的差距，然而高校办学模式所具有的趋同性导致地方产业结构与经济财税人才结构不对称的现象突出，两者难以耦合。国内大多数高校将关于经济学专业的培养目标表述为：本专业培养具有扎实的马克思主义经济学理论基础和深厚的西方经济学理论素养，能够比较熟练地掌握现代经济分析方法，具有敏锐深刻的分析、解决实际问题的能力，适合从事经济管理和决策的高级专业人才。现行的经济学专业人才培养方案与目标设计很难适应市场经济发展中对经济财税人才的需要。升学或者奖学金评选容易成为学生主动学习及接受教育的终极目的。在这种非“精益”性学习的导向下，最终的学习成果不能直接成为工作所需知识的基础，并且高度抽象的知识在不断发展和更新，学生在学习时间有限的情况下普遍存在学非所用的问题。在课堂体系的设计过程中，理应加强对经济学流派和经济史等基础课程的重视，因为经济学分析主要由理论、历史和数量统计三部分构成。数学与经济学之间的联系日益密切的趋势在大学教育中已然呈现，我国著名经济学家林毅夫就曾指出，“数学模型是最严格的形式逻辑，能将逻辑分析数学模型化最好，这是国际上经济学科发展的一个趋势”。然而大多数高等学校的教学体系不完善，专注传统理论基础的灌输的情况暂且不论，在教学的过程中对数学模型的依赖程度越来越高，却忽视了经济思想史及经济史的重要性。新时代，经济财税人才需要研究的是国内外经济发展的历史，这样才能比较清晰透彻地揭示经济发展的一般规律，同时对于市场的运行机制及国家各项经济政策法规也需要进行深入细致的研究。这种思维习惯的养成不是一蹴而就的，它对经济财税专业本科生所具备的能力和素质具有较高的要求，需要学生应对经济学问题有高度的专业敏感度，同时具有较强的甄别问题的能力。而这又需要回到学生对经济学专业知识与功底的问题上。经济学的发展趋势亦呈现国际化与全球化的特征，所以在新时期经济财税的学生看待问题的视角也应国际化和全球化。现阶段，我国经济学教学也出现了“本土化”和“国际化”之争，笔者看来，在特殊的国体下，经济学的“国际化”在所难免，但是也需要有一套能够分析我国具体经济问题的中国特色经济学体系，建立具有中国特色的经济学体系是我国学者的使命。

2. 大学生的信息不完全

就受教育者本身来说，大学生还未真正步入社会，存在对工作的定义和认知把握不到位、缺少从业经验、信息获取渠道少等问题，在教育和就业市场中处于非常不利的地位。从学生择校到择业的过程看，首先，在专业选择的见解上，由于信息的不完全，大学生对于社会需要何种专业、何种层次的毕业生了解不深入。对于经济财税人才专业大学生，宽口径就业更让大学生感到迷茫。毕业前，学生根据自己对未来从业前景选择考取各种各样的从业资格证书，而这种“考证热”并没有使学生的专业知识加深和就业能力提高，反而浪费了学生参加实践的机会。大学生择业存在着很明显的“羊群效应”。对于符合大多数人预期的平台高、前景好、经济与福利报酬待遇优越的行业、企业，大批毕业生涌入，批量的大学生追求少数岗位的结果必然出现大量的待就业学生。雇佣通道的增加加剧了人才市场的竞争，全国的毕业生争夺有限的岗位，求职失败的毕业生只能继续寻找下一份工作，这虽然增加了企业对人才需求的满足机会，但也表现出学生就业压力的增大。事实上，很少毕业生会在选择的过程中真正地了解企业内部的发展情况、用人机制、用工制度和分配制度，而这与就业市场的信息不对称有很大关系。同时，大学生就业时对不同地区、不同行业的职业发展前景及个人的价值判断往往存在偏差，大部分大学生择业优先考虑用人单位而不能够学用结合，导致盲目就业、学非所用；对欠发达地区的职业前景不了解，或者说由于对欠发达地区的排斥心理而选择到大城市寻求职位，加剧了大学生人才过剩与企业人才短缺的情况。同时，经济财税人才培养中双轨制发展模式（即对理论导向型和应用实践型两类人才的培养）还未得到有效突破。在现行大学生教育中，有关教育的观点比较复杂。其基本的原因在于，它包含人才能力的本身构架、由学校教育形成的能力及与工作所需能力的关系这些极为根本的问题，但是能力这个抽象而且概念性的问题在社会科学研究中直接作为问题加以分析是很困难的。很少有大学能够合理地解决大学生全面发展的问题，对于“宽口径，厚基础”的经济财税人才发展理念更是难以实现。经济财税专业毕业生就业单位虽然以企业为主体，但是相对于财会及市场营销类学生来说，他们的普遍缺陷在于缺乏实务技能，然而财会、市场营销类毕业生由于其专业狭窄，对企业整体的经济运行业务难以全面把握，后期往往难以像经济学专业毕业生那样发展为高端复合型管理人才。

3. 用人单位的信息不完全

用人单位很难在短时间内鉴别毕业生的实际潜能或内在质量，一般根据毕业生的学历进行筛选。如果说高等院校是经济财税人才的“生产者”，那么要使这种人才作为商品出售，用人单位必须得到一定的效用。大学生就业处于“买方市场”，不同用人单位在人才市场上主动接受“价格歧视”。也就是说相对中小企业，大企业愿意花较高的成本雇佣大学生。其中大批量流入中小型企业的经济财税本科毕业生通常无法接受系统的专业技能培训，因为这些中小型企业不像大型企业那样提供系统、专业的入职培训。例如，中国平安银行设有中国一流的企业大学——平安金融培训学院，其拥有一整套培训体系，为员工提供全方位的知识、技能培训。而中小型企业需要毕业生具有能够有效沟通、解决复杂问题的可雇佣能力等。而这种可雇佣能力的培养需要一定时间的积累，无法在短期内取得明显的效果。如果毕业生能力的“短板”不能得到有效弥补，就会出现毕业生供给与雇主期待不匹配的现象。在用人单位人才招聘过程中，虽然我国实行的是毕业生与用人单位“双向选择，自主择业”的制度，但是由于信息不完全，用人单位难以全面了解大学生，而这也是我国单位无法跳出青睐“985”“211”重点高校毕业生怪圈的重要原因之一。同时，部分用人单位用人观念滞后，也影响了毕业生的就业。但从另一个角度来看，这也正是由于大学生就业处于“买方市场”，用人单位过度放大了大学生缺少工作经验的劣势，而忽略了大学生具有较高的综合素质和蕴藏着巨大的发展潜力的优势。因此，传统的思维定式和学历歧视导致企业找不到人而学生就业难的困境。

大学生的能力、素质水平已成为衡量高等教育人才培养质量的一个关键性因素。因此，经济财税人才培养工作必须更加注重能力培养。不同层次、类型的高等学校要形成具有特色的人才培养模式，努力解决日益突出的“趋同化”问题。此外，加强与社会用人单位的联系、沟通和合作，不断调整人才培养目标、培养模式、教学内容和教学方法。与相关企业事业单位联合建立相对固定的大学生专业实习和社会实践基地，促进理论教学与实践教学的有机结合。高校亟待创新人才培养体系，与企业结合起来，坚持校企联合培养路线，才有可能使问题缓解或得以解决。由于我国产业结构不断调整升级，绿色城镇化进程进一步加深，职业结构也经历着相应的调整。在这瞬息万变的社会，高校应该加强人才市场对供需匹配的信息供给，要将市场上真实的就业信息和形势变化进行全面分析和把握，教育机构要及时调整高校等教育机构的培养方案，促进经济财税专业和课程的合理设置，尽量适应绿色城镇化发展的需要。培养具有高技能、强专业的经济财税人才，是解决供需结构失衡的关键，高校和企业如何深度合作是经济财税人才培养中亟待解决的问题。高校必须转变过去那种纯粹以教学为目的的培养模式，加强与市场和企业的联系，采用校企协同育人的模式。企业是技术创新体系的中坚力量，而技术创新离不开知识创新体系的完善，企业应该积极探索与高校协同育人的战略方针。在市场经济条件下，学校、企业和科研院所按照特定的培养目标和人才规格，是以相对稳定的教学内容、课程体系、管理制度和评估方式，联合实施人才教育的过程的总和。它从根本上规定了人才培养特征并集中体现了教育思想和教育观念。这种模式的实施也是对学校、企业和科研院所在人力资源、技术、资金、设备等资源优化配置的过程。《国家教育发展规划纲要》提出将创新型工程人才的培养模式改革作为新一轮工程教育改革的突破口，就是要解决工程人才培养与社会需求不相适应的问题。校企协同育人，加强高校与企业和科研院所的合作培养人才，既能发挥高校和企业及科研院所各自的优势，又能共同培养经济发展与市场需要的高质量人才。高校应转变专业结构设置形式，紧紧围绕国家产业结构调整的变化趋势，根据劳动力市场的反馈，分析预测相应的劳动力市场的人才需求走向，及时调整专业结构的设置，包括设立新的子类专业、设立双学位等辅修专业的措施；高校对于经济财税人才课程培养体系设置应加以优化，如增设一些与本学科有关的选修课程，将之前忽视的重要课程加入课程培养体系。根据我国高校和企业发展的现状，高校与企业可以相互合作，灵活选择校企协同育人模式。例如，广泛开展第二课堂教育。第二课堂比较灵活，也更能契合学生的真实爱好，如学校开展各种知识竞赛，分享沙龙、讲坛等，能够充分发挥学生自主学习的动力，提高学生的实践能力。同时，企业在具体了解学生的实际潜力后，可以着重对学生的后续培养。为了避免传统的就业指导产业的不足，高校也应该加强对就业指导模式的改革与创新，构建全程化的新型就业指导模式。

5.3　校企协同培育经济财税人才的现实困境

校企协同育人要加强高校与企业的合作，加强教学与生产的结合，校企双方互相支持、互相渗透、优势互补、资源互用、利益共享。校企协同育人不仅是促进科技、经济发展的有效手段，也是激发合作企业和科研院所活力，培养生产、管理和服务第一线专门人才的重要途径。促进企业和科研院所更好地参与高校人才培养，良好的运行机制是基础。因此，要创新构建紧密、稳定、深层次的校企协同育人的运行机制。政府也应意识到自身在校企协同培育经济财税人才中的重要作用，结合我国高等教育教学的实际建立和完善有利于推动该教育机制下的一系列制度安排，通过法律的约束增强各企业的责任意识、服务意识、共赢意识。支持、鼓励和引导企业与高校共建协同育人机制，提高企业参与的积极性和主动性，建立更有实效的产学研合作实习基地。但是如何能够真正做到协同育人培养“知行合一”的实用型经济财税人才，还存在诸多现实困难。

5.3.1　校企协同育人外部条件保障不完善

由于当今科技创新的源头主要是科学发现和知识创新，因此创新不能只靠企业，还需要大学和企业的协同、学者与企业家的协同。校企协同培育经济财税人才是解决当今高等教育中人才培养问题的突破口。然而，从外部环境看，校企协同培育经济财税人才存在政策保障力度不足等问题。

1. 企业、高校、行业协会参与校企协同育人的权利和义务不明确

对企业来说，就如何参与学生就业咨询、高校管理建设、人才培养培训及实

习基地的建设等没有达成明确的约定。这种不确定性增加了企业参与校企协同育人的风险，降低了企业的积极性；对高校方来说，校企合作处在招生就业中心、各专业教学指导委员会、专业带头人、专业教师及学生等各自的权利和义务没有做出明确的规定。政府机构应该通过内容和形式的确定，使企业、高校及各级部门、相关员工都能在校企协同育人模式下获益，从而确定一个共同目标，形成合力，使协同育人模式有效运转。同时，政府组织在校企协同培育经济财税人才上缺乏必要的监管和法律法规约束，也没有相应的奖惩机制。协同育人是深度的校企合作育人，高校与企业构成该机制的两端，而要使机制能有效运行，两端之间必须形成一个平衡点。企业在该机制的运行中的影响重大。平衡点向企业倾斜，意味着企业要"消费"质量更高的大学毕业生，需要投入更多资源，付出的成本将更大。而企业是逐利的，在不能确保有效收益的情况下，企业参与产教融合的自觉性不足、规范性不够。企业的行为对外部环境存在路径依赖。校企合作的外部制度存在着制度缺失，而合作双方的理性选择也存在着需求压抑的问题。特别是高校和企业两个合作主体间"大学需求强，企业愿望弱"的非均衡地位一直是造成这种合作困境的重要原因。在具体的校企协同培育经济财税人才工作中，其开放性还不够，现阶段只有签订框架协议，还没有建立起专门的机构和宣传平台，教育的内容和形式没有得到及时的更新和充实，也没有建立采集学生建议、社会评价的平台，无法及时了解学生、社会对校企协同育人模式的看法。在单纯的实习岗位模式中，协同创新培养人才的模式忽视了大学生自身的学习能力，往往是"一刀切"，无法根据学生的实际特点进行"量身定制"。

2. 政府组织对企业进行校企合作，协同育人的支持、引导力度不够

政府组织对高等教育发挥着重要的指导作用，其对资源最终流入具有很大影响。我国高等教育管理体制是一种精英化管理模式，管理的重心倾向于少数重点大学，对不同类型、不同层次的高校财政划拨不同。在高等教育财政划拨上，重点大学拥有的资源丰富，而普通大学财政补贴少，部分高校主要靠私人投资甚至借债获取活动经费，特别是各级政府针对新办本科高校产教融合发展的财政支持力度不足。目前，财政对高校的支持存在"重科研，轻教学"的倾向，对财经高校产教融合发展的针对性财政支持缺乏。普通高校虽有与企业合作的愿望，但在缺乏财政资金支持的情况下，企业对预期收益存在顾虑，往往处于观望状态。政府组织对企业进行校企合作，协同育人的支持、引导力度不够，从而导致虽然有资金实力雄厚的社会知名企业，但具备高度社会责任感、积极反哺社会、投身公益事业、关心支持高等教育的企业却不多。这种"僧多粥少"的境况成为校企协同育人机制发展的"拦路虎"。各大学校纷纷设立经济财税等学科专业，而能够参

与人才培养的企业有限，有限个企业与大多数高校协同培育经济财税人才显然是不融洽的。由于校企协同培育经济财税人才，最后将知识由大学转移到企业，这一转化过程具有明显的外溢性，即校企合作培养的学生不一定在本企业工作，该过程并不只带有私人属性。“当社会正在向新领域迈进的时候，风险投资十分重要。有些国家采用政府风险投资，也就是政府建立风险投资机制以弥补私有风险投资机构的不足”。政府组织介入校企协同育人中的创新投资，并不是说政府要代替企业及私人的投资，而是要在这一方向上起到很大的引导作用。所以，政府机构对参与校企协同育人的企业予以“厚待”，吸引更多的企业参与其中。

3. 科学合理的校企协同育人评价体系尚未构建

一般说来，要推动经济财税人才校企协同培养必须注意宏观体制与微观机制的协调。由不同层级政府、高校、企业所形成的整体性的制度安排需要很强的互补结构。一种有效的育人机制往往因为内嵌于一个无效率的体制系统中而难以有所作为；一种具有惰性的管理体制将通过微观机制阻碍整个系统向更有效的方向演进。校企协同和学校教学工作一样，若要保持持续健康发展，必须构建科学合理的评价体系。但是我国产学研长期脱节，大学的原始创新成果不能转化为现实生产力，聚集的创新人才不能充分发挥科技创新作用，这种产学研的脱节给评价体系的系统性构建带来一定的困难，校企合作的评价体系并不完善。目前所有财经类高等院校基本上按照相似的指标进行评估，并且在很大程度上，研究型大学和应用型大学一样，都处在同一个竞技场中。然而，实际院校之间存在明显差距，按照统一的评价指标并不能体现各自办学的特色，更不能生产出能够符合企业要求的高校自我定位产品。同时，本科评估标准的模糊性和数据采集的滞后性也会影响评价体系的构建。科学合理的校企合作，协同育人评价体系既要有学术标准、企业需求标准，还要满足学生个人的长足发展要求。学生是校企协同育人的直接消费者，能够对学校教育质量做出直接的评判。但是学校生产的“最终产品”的直接消费者是各个企业，由于企业与学生信息的不对称，只有学生到企业实习一段时间后，企业才能对“消费品”效用做出综合评价。所以高等教育的评价指标的量化和评价体系的标准化，必须经过长期的实践。财经类高校需要在政府的指导下，与企业和行业机构等共同建立综合评价体系，并对产教融合效果进行考查和监督。

5.3.2　校企协同育人机制存在的主要问题

目前来看，校企协同育人培养应用型经济财税人才存在诸多现实困难，高校与企业这两端还处于动态的调整过程中，并未达到完美的平衡。我国校企协同培育经济财税人才还不成熟，高校管理体制还不健全，不能引导企业积极参与到协同育人的基础建设中来。基于创新教育的经济财税人才培养模式包括五大要素：先进的教育教学理念、明确的人才培养目标、科学合理的人才培养方案、系统的人才培养过程和完整的教育教学评价机制。所以校企协同培育经济财税人才，必须建立起更加健全的培养机制。但是，我国实行校企协同育人的范围主要涉及工、商、旅游等应用型学科，而对于经济财税人才培养的校企协同育人还很少。究其原因，主要存在以下几点。

1. 校企协同育人的目标机制和规划机制尚未构建

校企协同育人工作很难制订有效的目标和规划，导致工作计划性较弱。校企协同育人模式以创新教育为本能。所谓创新教育，是指以培养人的创新意识、创新精神、创新能力和创新素质为基本价值取向的一种教育理念和教育实践。创新教育适应知识经济时代的教育发展趋势，其核心目标是培养创新型人才。校企协同培育经济财税人才的合作创新模式运行取决于创新要素的供给状况，由于不同地区科技教育资源禀赋不同，校企协同培育经济财税人才工作中的目标和规划具有差异性。从各国先进的校企协同育人实践经验来看，其计划安排灵活多样。校企协同育人目的多样，有以教育为目的的，也有以科研开发为目的的，但更多的合作方式是将大学的 3 个职能融为一体使双方实现共赢。但遗憾的是，校企协同育人缺乏长久的目标。现阶段校企协同培养经济财税人才主要有 5 种新模式：“3+1”模式、“1+1+1+1”模式、“订单”模式、暑期实习模式及学期内穿插短期合作模式。

（1）“3+1”模式

“3+1”模式是指高校教学安排被分成两个阶段：第一阶段是入学后的前三年，该阶段主要安排基础理论和知识的学习，以及基础课程实践、基本技能训练等应知应会部分。第二阶段，学生在最后一年到校外企业单位进行实习，学生结合工作生产实际选择毕业设计题目，并在学校、企业双导师的共同指导下完成毕业设计。这种模式虽然理论上对于学生的实践能力有很大的提升，但是也存在着比较大的缺陷，学生参与实习是在基础理论学完的基础上，在学习理论期间，即第一阶段与市场脱节，学生在学习过程中并不了解自己的真实爱好，在学习中显得较被动，往往也导致学生在学完之后感觉无用化。

（2）“1+1+1+1”模式

“1+1+1+1”模式即“学—工—学—工”模式。在这种模式下，理论与实践穿插进行，理论与实践占用时间相同，学生按学校的实习教学大纲和企业的培训计划完成实践性教学环节。

（3）“订单”模式

“订单”模式即由学校专业教师与企业家共同组成专业指导委员会，指定符合实际需要、切实可行的专业教学计划，确定专业能力结构的具体要求，并确定非专业能力素质要求，根据企业的实际需要进行订单人才培养。

（4）暑期实习模式

暑期实习模式的特点在于实践并不占用教学时间。学生从第一学年结束后利用暑假时间进入企业实习，由指定教师进行监督和指导，定期联络，专门负责。同时，指导教师通过与企业的直接联系，了解学生在企业的实习情况，消除高校与企业的信息不对称，了解企业的真实需求。

（5）学期内穿插短期合作模式

学期内穿插短期合作模式操作灵活。学生在企业需要的时候到企业进行实习，在实习的过程中，直接运用所学的理论知识进行检验。企业给学生安排细致的实习工作，真正提高学生的实践能力。但是该模式最大的缺点是给学校学习安排带来困难，学校需要不断调整课程安排工作，容易打乱教学计划。无论是学校还是企业在选择合作伙伴之前都必须充分做好事前规划，结合当前实际，认真考虑是否有必要进行合作、怎样合作，期望从校企协同育人当中得到什么样的利益，以免进行毫无目的的合作。从实际来看，高校要么认为企业既然参与了本科生的培养工作，就需要事无巨细地全程参与学校管理，如本科生教学计划安排、课程考核体系设定、毕业论文设计指导等；高校要么不够开放，校企在协同育人工作中仍存在不对等问题。企业向高校提供资源，然而高校在治理学校过程中仍存在“一家独大”的现象，没有体现共同治理的内涵，企业在治理中仍无话语权。

校企协同育人机制还很松散，缺乏合理的规划。高校和企业这两个不同的合作之间缺乏一种合法性认同，导致双方在合作、共同目标、方式、内容及形式等方面难以达成共识。为了能够有效地合作，高校和企业都会试图使资源的依赖关系朝着有利于自己的方向发展，都试图通过对合作的规则进行操纵，努力为自己创造更多可供选择的解决方案，减少自己的可替代性。在合作过程中使其他人建立起对自己的依赖性，充分发挥自身能动性，不断策略性地影响他人，这样一个规则构造的过程是一个比较复杂的“沟通、交流”过程。在这个相互作用的转换过程中，一方面需要双方对合作进行“意义建构”，即合作的规则必须建筑在双方共同接受的基本理念规范之上，另一方面还需要在合作过程中使对方建立起对自己的依赖。在校企合作的过程中，高校要获得企业积极的配合，就必须掌握一些对于企业来说很关键的资源，如能够提供给企业所需的智力支持和技术支持等，只有这样才能在与企业合作互动的过程中占据主动地位才能有改变合作规则的可能，从而避免陷入合作困境。在实际的校企合作中，协同育人模式往往存在高校与企业各自独立、协同作用很小的问题。即使双方签订了合作协议，申请了相应的项目、平台，在具体执行过程中的合作往往也不够深入，难以达到签订协议时的预设目标。校企协同育人仅仅体现在各专业自行邀请企业专家到校授课、指导毕业设计，或者带领学生到企业进行生产实习的层面上，没有太多的深入合作，也没有形成行之有效的协同培养机制，从而导致在人才的培养、企业的回报、参与教师能力的提升上的效果均不明显，使协同育人培养模式难以稳定运行，在合作深度和持久性上大打折扣。校企双方合作目的不明确或没有共同目标也会影响协同育人模式的运行效果。

2. 校企协同育人的动力机制和激励机制不完善

推进校企协同育人的动力主要包括两个方面，即外部动力和内生动力。外部动力主要包括政府、市场、科技等要素，在校企协同育人中起催化与推动作用，这种动力往往来自利益驱动。内生动力才是校企协同培养人才的根本性因素，内生动力主要是非利益因素和发展的因素，是以人才培养为中心、以提高人才培养质量作为推动校企合作的纽带，涉及人才培养过程中各要素和资源的重组问题。校企协同育人创新进程中企业、高等院校、政府都应发挥主体作用。以企业为主体的创新主要在创新投入和市场导向方面起作用；以高等院校为主体的创新主要在指导思想、参与研发和孵化新技术方面起作用；以政府为主体的创新主要在组织和集成，以及引导性创新投资方面起作用，如贵州省对大数据产业的高度重视。然而，事实上这些主体在校企协同育人中并没有产生很大的合力，合作双方无法实现长期协作，表现为动力机制不完善。

当前，校企协同培育经济财税人才缺乏稳定、可持续的发展动力，企业参与积极性不高，主要有以下几个方面原因。

（1）利益驱动力不强

利益驱动力不强是导致企业参与度不高的重要因素。校企协同育人的主要资金来源于企业的投入，而企业作为逐利的个体，有利可图才能吸引其关注。然而，在现实情况下，企业纵然参与高校的学生培养，但没有权利参与高等学校的治理，同时企业也得不到合理的补偿。校企协同育人的本质还在于利益关系杠杆下的合作。高校与企业缺乏共同的利益诉求。实现协同育人、提高教学质量和社会效益最大化是学校合作的主要目的，学校并不追求经济效益的最大化，而企业可以为高校提供其所缺乏的资源。企业作为毕业生的“消费者”，中小企业相对于大型国有企业竞争力弱，而中小企业又是大学本科生的主要需求方，对于应届毕业生，中小企业希望在求职应聘者中找到能立刻为企业创造利润的人才，这种“拿来主义”在一定程度上削弱了企业的参与动力。同时，人才培养是一个漫长的过程，因此企业参与校企协同育人前还要考虑资金的投入风险。缺乏政策保护的情况下也容易出现人才溢出问题，企业参与校企协同育人的过程，然而优秀毕业生更青睐政府部门、事业单位或者大型企业。中小企业在投入大于回报，无利可寻的情况下，参与校企协同育人的积极性不高。

（2）高校重视程度不够，信任机制失灵

从成本角度考虑，高校进行协同育人也需要投入更多具有学术前沿的知识和研究型人才等无形资源，还需要花费大量的时间与企业进行协商交流，当其能获得的利益不与成本相当时，高校和科研院所单方面的动力也不足以推进校企协同育人的进程。虽然在经济运行体系中，假设各方都是完全理性的，也就是各方都是朝着利益最大化的方向去考虑问题的。实际上，这种理性是在自身认知能力、社会影响或者经济环境的约束下产生的，并不能做到真正的完全理性。简单来说，高校在现有的模式运行下，与企业保持了一定的联系，如学校统一安排学生去企业实习，但学校感受不到进一步发展校企协同育人的压力。高校习惯满足于目前的发展状况，即使进行校企协同育人从长远的发展看也有利可图，高校管理模式比较单一，在校企协同育人的过程中，多数高校没有相应的管理制度和办法，也缺少专门负责的机构，企业担心在合作中权益受到损害。信任机制对校企协同育人中的动力机制有很重要的影响。即使校企协同育人双方都知道合作培育学生是有利的，也能从理性的角度综合权衡利弊，但合作双方都倾向于从自身的利益出发，相互之间缺乏对彼此全方位的了解。对“是否应该合作”“以什么样的方式合作”“合作效果好不好”都抱有一定的怀疑态度，影响双方合作的效率和效果。另外，部分普通高校在建设协同培育经济财税人才平台的过程中仍然抱着保守的心态，还没有完全融入协同育人的机制，造成了合作形式的简单化，这使普通高校在对经济财税人才培养能力的定位上和外部企业存在一定的偏差，很多高校在大学生培养的环节上，基本没有充分地思考如何与企业深度合作，培养为企业“量身定制”的毕业生的想法往往成为空谈。对大多数教师来说，在校企协同育人过程中的获得感不大，在一定程度上也降低了教师参与的积极性，大多数教师只是为了完成教学任务，而对于学生实习很少进行悉心教导，使合作过程变成了企业的单方面付出，降低了企业深度参与的积极性。这直接降低了高校人才培养的质量与企业需求的贴合度，进一步挫伤了校企协同育人的积极性。

（3）缺乏政府组织统筹协调服务

目前，我国政府在校企协同育人中虽然已经做了不少工作，但相比其他国家来说，我国政府政策实施力度还不足，没有真正发挥政府外在推动力的作用。例如，在支持校企协同育人中税收优惠政策、知识产权保护政策、产学研项目资金支持等方面还有很大的完善空间。政府组织统筹协调服务不到位导致校企协同育人的外部动力不足，抑制了双方合作的积极性。企业往往需要多专业方向的人才，而同时与多家高校开展合作需要大量的人力、物力和财力，巨大的压力使部分企业放弃与高校合作。企业也面临着培养有用的人才回报的延时性，研究成果转化为经济收益及获取社会效益的不确定性，加上在协商性交换过程中，大学和企业在双方如何共享信息、资源，在合作中如何分工等问题上面临着许多结构性的困难。校企要顺利实现对接，共同培养新人的过程中需要具有正向激励的动力机制促使其向前发展。而现实状况中校企协同育人激励机制不足，基于合作伙伴选择机制有所欠缺，双向选择存在弊端。

从企业方面来说，企业之所以存在与高校合作的需求，是因为企业需要能够为之带来技术资源和专业知识的人才。然而，校企协同育人的目标机制不健全，两端仍存在知识的不匹配。知识创新体系必须与技术创新体系相衔接，只有这样才能顺利实现校企间的知识转移。例如，信息科技类公司对人才的主要需求在计算机科学与技术学科过硬的工科学校，对于经济财税人才的培养不占主体地位，而银行、证券、事务所等机构对财经类院校人才合作培养的积极性将会更大。企业选择高校考虑的因素还有高校的科研能力、社会信誉等。从现阶段企业与高校进行协同育人的经验来看，企业更倾向于选择实力雄厚、科研能力突出的重点高校，而对于大多数普通高校，企业缺乏合作的积极性。普通高校社会信誉不高，有的不能按承诺竭尽全力全身心地投入协同培育人才的进程中，甚至有的高校不能按承诺顺利进行人才和知识的转移。这导致了企业合作成本和风险的增加，削弱了企业合作的积极性。

从高校方面来说，很多高校所能教授的知识还不足以为企业带来有用性和增值性，而这些恰好是校企进行合作的基础。高校在选择过程中优先考虑的是企业综合实力和企业社会形象。企业综合实力是评价企业能力的综合指标，包括企业规模、企业盈利能力、企业人员素质及企业对知识的吸附能力（有利于创新）等。企业综合实力不仅关系到为应届毕业生创造的生存条件，也关系到企业能否很好地实现高校与企业间的知识转移。企业综合实力好比硬件设施，只有能与高校提供的本科生这种软件相兼容才能保证机器的良好运行。企业社会形象如同企业选择高校时注重高校社会信誉一样，是基于双方承诺能否兑现的考量。企业在合作中为高校提供场地、设备、资金等。企业能否按照承诺的那样保证校企协同育人的顺利进行，这具有很大的不确定性。所以，高校更加青睐具有强烈社会责任感的企业，而这些企业的规模一般比较大。

美国的罗仁基（Lorange）和罗斯（Ross）的“3C”理论强调潜在的校企协同育人各方应符合“3C”原则，即兼容性（compatibility）、能力（capability）、承诺（commitment）。兼容性是指合作双方在经营战略、经营方式、合作思路及组织结构和管理方式等方面的一致性；能力是指潜在的合作双方必须具备一定的能力，使其能弥补企业的薄弱环节，实现资源的优势互补；承诺是指合作双方要有责任感，能够承担一定的责任和义务，以弥补合作双方在内部资源和经营目标上的差距。如果潜在的合作双方符合“3C”原则，那么他们实现成功的校企协同育人工作的概率就大得多了。我国校企协同育人机制还很不完善，高校和企业间存在着信息不对称性。企业对重点高校的偏爱、高校对名企的依赖等都不利于校企协同育人的双向选择。高校与企业应建立在双方匹配的基础上，当双方的资源依赖结构呈现较为严重的非对称状况时，即当大学在人才培养的过程中对企业的资源依赖性很强而企业对学校的资源依赖性较低时，高校按照自己的思路培养所谓有实践能力的学生，实际上并不能达到企业对人才需求的目标。事实上，作为毕业条件，本科毕业生在档案中填写的具有参与过实践的实习报告只是形式上的，并没有与企业的实际工作相结合。这样，大学生毕业真正找全职工作时，不能马上上岗，还需要很长一段考核期。长此以往，用人单位在招聘应届毕业生时还会存在传统的思维定式，“985”“211”重点高校成为优先考虑的，而普通高校毕业生找工作依旧困难。

3. 校企协同育人过程中的控制机制和质量评估机制尚不成熟

校企协同育人机制存在的另一个问题是过程控制机制和质量评估机制不成熟。校企协同育人的过程中存在知识主体的传输和知识主体的转移两个过程。其中知识主体的传输也就是学生在高校接受教师及企业两方的共同指导，进行理论知识的学习及对理论的实践。知识主体的成功转移是校企协同育人的最终结果，也是双方的共同目标。校企协同育人过程中伴随着知识使用价值的相应回报，知识主体转移完成后达到人才供求两方彼此共赢的目标，最终实现人才的资本化和产品化。就当前的情况看，校企协同育人更多的是一种链式战略联盟，即高校和企业在资源配置上存在很强的互补性，高校寻求的是能为人才培养提供教学实践场所的企业，以培养学生的创新精神和实践能力；而企业的发展需要高校提供高素质的后备人才，科研成果转换及企业员工的进修和培养等。

我国大多数的校企协同育人面临合作面窄、合作形式单一的困境，没有覆盖人才培养的各个环节。高校各部门与企业职能部门本应该充分协商，建立协同育人的运行机制、奖惩机制等，但是这方面往往有所欠缺。由于协同机制的不完善，校企在合作中没有专门的处理机构，很多问题的对接处于真空状态。由于协同育人过程中各方作用并没有充分发挥，实现统一调动，因此，处于基层的教师、企业专家和学生等难以使合作协议落到实处。校企协同育人实施过程中往往受制于运作程序的不顺畅，导致教学安排、薪酬支付等环节存在诸多问题，甚至出现后续资金配套不足等问题，这大大增加了基层执行过程中的时间成本，影响了协同育人工作的效果。

在普适教育环境下，不管是高校、科研院所还是企业，对于知识的学习和探索都是必不可少的环节。我们可以说，校企协同育人也是一个促进各方相互学习、共同创新的过程。企业从高校、科研院所获取最新的知识体系发展动态，而企业为高校和科研院所提供实践课题或社会经验。这是一个主体间互动的过程。学生作为知识的主体，其蕴含着隐性知识。所以知识主体的转移并不是一朝一夕的，企业对知识主体的消化和吸收可能需要经历相当长的一段时间，这也需要看知识接受方对隐性知识的吸收和整合效果。

关于如何对校企协同育人的创新成果进行公正、合理、有效的评估，既要有基于理论上的科学界定，借鉴先进国家的国际标准，也要结合我国高等教育的实际情况，研究客观的评估标准。事实上，目前所有高等院校都按照相似的指标进行质量评价，评估标准还比较单一。重视理论研究的高校和重视应用实践的高校一样，都处在同一市场中。而实际高校之间是存在明显差距的，这种评价的最终结果有待商榷，难以体现各高校的办学特色，不符合分类发展的原则。对于研究型合作目的，过去就有大学的科研人员与企业专家在技术创新上的合作，如转让新技术的研发或者为企业解决技术上的难题，但是这只是一种项目上的合作，如果没有新项目，合作即告结束。校企协同育人评估应该是长远的协同合作，而不是为企业的短期利益而进行的。校企间应建立校企协同育人的深度机制，使校企合作由局部变为整体，由短期变为长期。知识创新体系（代表大学）和技术创新体系（代表企业），更为突出这两个体系的协同和互动，两者的协同成为知识主体转化的基本内容。技术创新体系固然需要企业作为创新主体，自主地进行技术和产品的研发，但不能仅限于此，必须跳出企业范围，知识创新体系与技术创新体系的深度融合才是协同育人的重点。

评估的目的是满足并超越顾客期望，生产出符合顾客要求的企业自我定位产品。显然各种学校定位的“期望”人才是不同的。然而，在本科教学水平评估指标体系中，就质量控制深度而言，该体系有指标进行目标控制，但都比较抽象。总的来讲，校企协同育人质量评估还存在着“重结果、轻过程”的倾向。绩效评估作为一种结果的评价，即产出分析，在校企协同育人评价中产出方面权重最大，这主要是因为人才作为知识主体，其在校企协同育人工作中既作为结果又作为目标。弗里德曼（Friedman）在《世界是平的》一书中分析从大学到企业科技中心可能涵盖很多学校和企业，最终将带动新产业的繁育、新产品的生产和新技术的运用，这种成效理应是可达到的。但对于作为过程的投入评估还不健全。企业和大学双方都是机制的受益者，然而在投入方面，投入的具体方向不清晰。人才培养质量评价理应校企共管，学校作为评估主体，针对学校培养过程评估制度化，强化教师责任主体，从培养的目标及标准方向对校企协同育人进行评估。同时对内部实际流程考核不够，高校应改变现有的“材料”考核体制，更加注重实际过程的检测，定期对高校进行考核评价；企业作为评估主体，主要应做到培养的标准职业化，从培养方案制定到实训实习过程，严格以国家职业资格标准进行评价。现阶段，理论教育评估体系相对较为成熟，但仍然缺乏课程建设与实际实践的对接，实践教学中对于实践过程的技术指导、评价和毕业设计所体现的技术创新体系检测还不成熟。高校评估与企业评估共同管理体系还未真正建立，缺乏中介组织对整体效果的综合质量评价。

4. 利益分享机制不平衡

虽然高校与企业进行协同育人，实现知识的有效转移，从理论上来说是有利可图的，可以形成利益共同体。但是这种知识转移过程的实现得到利益的驱动并非易事。校企协同育人中不论是转移知识的高校，还是接受知识转移的企业，都会产生机会成本。而利益相关度与行动强度呈正相关，校企双方利益相关度越高，行动强度就越高。高校与企业间的利益分享机制构成了双方进行协同合作的社会动力基础。国外的校企协同育人机制发展已经成熟，利益分享机制也比较完善。无论是国家政策，还是具有法律约束的利益分配的仲裁机构，都能够很好地保护协同双方的切身利益。我国还没有仲裁校企协同育人中相关利益纷争的专业组织机构，在合作期间，双方一旦出现不可控的利益纠纷，就只能通过法律的途径解决，这不仅费时费力，处理的效果也不一定让各方满意。所以，涉及双方利益的这一块，缺乏有效的解决途径就直接弱化了校企协同育人的合作动力。校企协同育人机制中双方共建教育组织（平台），共同参与本科生培养体系的构建。在这个将最终知识转移到企业的平台，企业和高校之间不仅建立了知识共同体，也建立了互利共赢的利益共同体。然而知识的创造和知识向生产力转化的不协同，一方面，高校及科研院所研究课题的商业价值实现存在问题，由于科研价值的不确定性，参与研究人员（包括本科生在内）得不到足够的补偿，久而久之，知识创新主体与技术创新主体利益关系脱节。另一方面，高校及科研院所对校企协同育人的投入资金不足，本身不具备将培养的知识创新主体直接转化为技术创新主体的能力，这也是需要校企协同育人的原因之一。因此，需要借助企业投资来完成学生的社会实践等具体工作，而针对这种培育价值的不确定性，企业承担着利益风险。

在如何平衡双方利益分割的问题上缺乏有效机制和标准，校企协同育人中高校与企业两方的利益所得向某方倾斜。利益不仅包括经济利益，也包括非物质利益，如高校的社会信誉度、企业的综合实力等无形收益。校企协同育人机制中主体的多元化导致利益的复杂化，由于两方各自在产业价值链中所处的自我定位不同，在协同育人过程中必将存在利益冲突。首先，企业期望在短期内获得最高的投资回报率，然而高校则以整体社会效益为重，这种在经济利益和社会利益上的矛盾容易导致利益冲突。其次，校企合作将知识创新主体的转移作为最终目的，大多不能在短期内衡量毕业生为双方带来的经济价值，毕业生在学校所学的理论知识、实践经验的质量只有在长期中才能真正体现其内在价值，所以存在物质利益与无形资本利益的冲突。最后，在利益分配比例及数额上，双方都存在着知识创新主体转移的预期收益，而在知识经济时代背景下，随着外部环境的变化或转移过程的影响，各自的预期也会不断发生变化，一旦偏离预期收益，就意味着利益分割上的冲突。利益冲突无可避免，将其控制在一定程度范围内，无论是对利益双方进行相互制衡、加强过程控制，还是对资源的合理配置都有一定的积极作用，同时也能保持合作双方的活力和动力。事实上，各利益主体都害怕利益冲突的产生。因为如果利益冲突不能及时解决，将对利益主体产生消极的影响，降低协同合作的效率和效果，使合作双方优势发挥失利。而利益冲突中资金问题是其重要影响因素之一，目前政府在这方面的支持力度还需加强，因此协同合作方内部可以成立专门的风险基金，在最大程度上控制合作风险，保证双方的利益冲突在合理的尺度内运行。

5. 其他机制的缺位

校企合作的其他机制的缺位，使协同育人模式难以稳定运行，合作的深度和持久性大打折扣。例如，沟通协调机制不顺畅，学校对自身优势和对企业需求的相互了解不渗透，同时对企业真正的运行状况认知不到位。由于高校作为知识创新主体，企业作为技术创新主体，两类主体的沟通协调补偿导致两者的兼容性弱化。校企双方对于该多一点实践，还是多一点理论教学仍然存在分歧，双方赖以交涉的基础不稳定，沟通不畅。双方交涉比较困难，对于教学安排难以调整，容易打乱教学计划，给教务工作安排带来负担。特别是双方实行学期内穿插短期合作模式，企业很难意识到高校的重要性，校企协同育人的稳定性和持续性受阻。高校和企业应该站在未来长期可持续发展的高度，以培养学生的实践能力和创新能力为根本，寻找与把握校企战略性合作的价值和利益平衡点。

综上，校企协同育人需建立权责清晰、管理有效的目标机制和规划机制；完善富有激励性的正向动力机制及激励机制；健全多方共赢的利益驱动及优势互补的利益共享机制，校企协同育人的过程控制机制及基于全方位、多角度的质量评估机制。校企协同育人各个机制相互依赖、相互协调，其机制的建立是一个系统的工程，校企协同育人仍有很长的一段路要走。

本章小结

本章着重介绍了我国城镇化的 4 个发展阶段，并在快速发展的过程中也出现了很多问题，因此实施绿色城镇化战略迫在眉睫。绿色城镇化是在人口、产业、土地、空间等发生转变的过程中注重社会、经济与环境协同发展的城镇化模式。我国的绿色城镇化发展进程中高等教育培养的大批人才为绿色城镇化建设发挥了重要的作用。

绿色城镇化发展的本质在于人的发展，因此教育产业应该向更高的层次推进。在稳步推进农村人口市民化的同时，要兼顾高校人才培养的问题，密切关注经济财税人才培养模式的创新。

随着经济的发展，高等教育转向大众化教育，我国大学毕业生成为城市新增人口的重要组成部分，对我国人口城镇化的发展具有巨大的影响。而在绿色城镇化进程中经济财税人才的社会供需状况也发生了变化。现阶段经济财税人才存在供需矛盾的原因是多方面的，其根本原因是市场、高校及接受教育者之间信息的不协调、信息不完全，导致高等教育人才供需矛盾，为缓解这一矛盾高校必须实行校企协同育人模式。但是科学合理的校企协同育人机制还不成熟，使协同培养模式难以稳定运行。校企之间如何保持深入而持久的合作，如何真正做到协同培养实用型经济财税人才，还存在诸多现实困难。协同机制的不完善，协同育人过程中各方作用并没有充分发挥、统一调动，影响了协同育人工作的效果。

第 6 章　绿色城镇化进程中校企协同培育经济财税人才机制创新的途径

经济新常态下，应用型高校承担着培养大量应用型人才、创新人才的重要任务。为适应绿色城镇化发展需要，学校在人才培养、科学研究等方面与地方政府、企业和科研院所要建立互动、协同的合作关系。培养创新经济财税人才，不仅需要财经类高校积极采取措施应对，也需要建立协同教学、协同科研、协同培养的融合联动机制。地方政府、行业企业和科研院所大力参与，共同促进财经类高校与社会相结合、理论与实践相结合。经济学类应用型人才应具备的知识与能力，其中有相当部分只能在实际工作场所中才能获得，而不能仅靠学校教育。因为学校教育在多数情况下是模拟性质的，学生在学校学习，无论是在环境感受上还是在心理状态上都与实际工作环境存在差距。重要的意识和良好的行为习惯，只有在现场环境中才能培养起来；某些难以言传的经验和应变方法，只有在现场工作环境中才能学到。如果仅靠学校教育，只有书本知识，或只在课堂、实验室和校内实训场所学习，难以培养合格的经济学类应用型人才。另外，现代科技发展迅速，许多技术日新月异，未必能及时地反映到学校教育中来，只有在实际工作中才能获得最新的实用技术和提高创新能力，而掌握最新的实用技术和具备较强的创新能力正是经济学类应用型人才的特色。所以，学校必须与行业、企业密切结合。

6.1　校企协同培育经济财税人才的目标

财经类高校加快经济学人才培养机制创新的重点：关注绿色城镇化需求，明确应用型本科定位，形成产教融合的高校治理结构和校企协同的人才培养模式，优化专业和课程结构，加强实践教学，提高人才培养质量。学校应与企业建立互惠互利的协作关系，要有计划地对企业人才需求情况进行调查，保证专业设置在一定时期内具有前瞻性；要进行人才培养目标分析，保证毕业生对岗位的适应性；按企业需求制订教学计划，保证教学内容具有针对性；与企业联合开展技术应用项目开发，保证师生应用能力的持续提高和教学内容的应用性、新颖性；开发实训基地，保证教育教学具有实践性；进行学生就业指导和聘用工作，保证毕业生就业渠道具有稳定性。应用型本科院校应在实践教学、教师及员工培训、毕业生就业等方面与企业开展广泛合作。

6.1.1 经济财税人才培养目标的定位

人才培养是高校基本的和首要的职能，也是高校办学的根本出发点和落脚点。高校培养的人才有没有社会竞争力，是衡量一所高校办学质量与办学水平的重要标志。注重人才培养的特色是现代高校提升竞争力、服务经济建设和社会发展的重要手段。因此，经济学类专业要办出特色最终要靠所培养的学生的质量和水平。高校人才从宏观上可划分为学术型和应用型两大类。学术型人才是指发现和研究客观规律的人才；应用型人才是指应用客观规律为社会谋取直接利益（社会效益）的人才。而经济学类专业的性质决定了它必须以培养应用型人才为主要目标。本科教育中培养应用型人才，不应该简单地理解为培养动手能力强的人才。例如，高等院校本科教育的培养目标要求“具有良好的科学素养，受到基础研究或应用研究初步训练的教学和自然科学专门人才”，本科应用型人才也要求“掌握本专业所必需的较系统的基础科学理论、较宽且扎实的技术基础理论及必要的专业知识”。这种应用型人才，与高等职业教育中的应用型人才不能等同看待，否则，过分强调应用能力与动手能力，势必降低本科教育的质量。财经类高校经济学类专业培养的应用型人才应是理论功底扎实、了解本地经济发展状况、具备理论和实践相结合的能力的人才。

本科经济学类应用型人才教育的性质决定了经济学类应用型本科教育的培养目标主要指向税务师、会计师、经济师等职业。经过经济学类应用型本科教育的毕业生应具备相应领域的综合职业能力和全面素质。毕业生在基础经济理论、专业经济理论知识和经济实践技术技能各方面具有应用特征，适应经济行业、经济岗位水平提高和知识能力结构多样化的需要。毕业生应具有较强的应用能力和实践动手能力，能在生产、建设、管理、服务第一线从事核算、控制、运行管理等经济工作和管理工作。毕业生经过几年的工作实践，能解决生产第一线出现的经济、管理问题。经济学类应用型本科教育的毕业生应具备相应领域的综合职业能力及进行全面素质的培养，一方面，要求学生全面发展，按应用型人才的素质、能力、知识结构的要求，全面提高素质，不断完善自我；另一方面，不苛求学生面面皆优，鼓励学生根据自身的兴趣爱好及具体条件，充分挖掘自身潜能，在某一方面形成突出明显的优势，术业专攻。对本科应用型人才应本着因材施教的原则，分层次、多规格培养，专业方向细，岗位针对性强，技术实践能力强，专长特长突出。

因此，经济财税专业本科院校应致力于培养内外兼修、德才兼备，具有宏观经济视野、微观实践能力的高素质复合型应用人才。在经济学类专业本科培养目标的设定上，应重点突出对以下 3 个方面的培养：第一，了解当今社会中的各种经济现象；第二，拥有分析实际工作中遇到的经济问题的能力；第三，具备评估政府经济政策的能力。这种培养目标的设定，既可以为经济学类专业的学生在毕业后在经济领域或相关领域从事具体的工作提供一定的理论知识和相关技能，在一定程度上也可以为经济学类专业的学生在相关领域的进一步发展创造良好的基础条件。经济学类专业本科培养目标为培养人才要强调思想品德和职业道德的基本要求，要专注于拔高经济学类专业本科生的研究高度，要充分重视经济学类本科生的创新研究水平的提升；另外，财经类高校对经济学专业本科生的培养目标，要为学生提供相对专业化的能力和经济领域的相关技能，符合社会的需求，满足社会各个领域对经济学类专业学生的要求。提高经济学类专业毕业生在就业领域的适应力和竞争力，也为经济学创新型人才的培养和进一步深造奠定坚实的基础。

6.1.2　经济财税专业优秀人才培养的基本条件

随着社会主义市场经济体制的不断健全和完善，财政政策作为国家宏观调控的主要手段，也必须得到进一步的完善和调整，为此，各级政府机构的财政部门，迫切需要大批财经类人才的加入。各家公司、企业不断加强财务管理，强化资本运作，提高企业利润，也迫切需要大量素质高、能力强的高端财经人才。经济财税类毕业生不仅要系统地掌握财政、经济、税收基础理论，还要全面掌握财政管理、经济管理、税收征管、税务代理、财政税务咨询等工作的专业知识。经济财税专业优秀人才培养的基本条件有以下几个方面。

1）学生必须掌握扎实的基础经济知识。经济学类应用型人才的知识结构必须满足第一线工作的实际需要。在实施学分制管理的条件下，涉及经济学类专业基本理论、基础知识、基本技能部分的课程，学生必须全部选修。在课程设置和教材建设等基本工作环节上，特别强调经济基础性知识不可或缺，教师主要的精力用于传授成熟的知识体系和实用的技能，而相对忽略对学科体系之外的背景知识介绍和对前沿性未知领域的关注。在制订教学计划时，必须充分体现“有保有压”的策略，基础知识课程必须开足，学生务必修满规定的基础知识课程学分；实践性环节的教学必须突出“保质”的策略，以防形式上的计划课时数饱满掩盖实际上的放任自流。

2）学生必须学会与实际相适应的经济知识。经济学类应用型人才的培养，强调真实的传授和一线工作实践的紧密结合，高校更加重视实践性教学环节。从一定意义上说，经济学类应用型人才培养的具体任务可以分解为 3 个方面的要求：一是学生熟悉国家经济、财税的方针、政策和法规，具有较高的外语水平及较强的计算机应用能力、口头表达能力和写作能力。二是学生从事经济应用的实践，具有鉴别应用型经济知识与非应用型经济知识的能力，掌握贴近实际、具有实用价值应用型经济知识的方法，具备一定的实践能力。三是学生了解本学科的理论前沿和发展动态。

3）学生必须实现从经济知识立足向经济实践能力立足的转化。知识与能力是相互依存并相互促进的，两者都是学习的结果，经济学类应用型人才的培养必须侧重于学生能力的培养和提高。经济知识的积累与经济实践能力的形成是互动的，经济实践能力的形成和提高离不开对知识的积累，经济实践能力越强，获得的经济知识越多，内化的过程也越快。学生在主要学习经济、财税方面知识的同时，接受相关业务的基本训练，具备经济、财税管理及相关领域实际工作的综合应用能力，具备一定的科学研究和实际工作能力。在经济学类知识的学习中，除了识记、背诵一些常识和术语，还要培养经济理论联系地方经济实际、独立分析经济问题与解决经济问题的能力。

6.1.3　经济财税优秀人才的分类及其基本培养标准

目前，经济学类本科可以划分为科研型、复合型和专业型，专业有经济学、财税学、金融学、国际贸易等。其中，经济学和财政学侧重对宏观经济领域的研究。准确把握社会经济发展对经济学类各专业人才的需求特点，不仅是改进经济学类本科教育的起点，也是高校经济学类本科教育改革的根本动力。为此，必须清晰地把握经济发展对经济学类各专业人才的不同需求。

（1）经济学专业的人才培养标准

经济学专业是整个经济学科的基础，为其他专业奠定了公共课教学和基本理论研究的厚实基础。经济学人才主要服务于高端市场、大公司市场及政府经济决策部门。为此，经济学专业的人才必须具有 3 种基本素质：一是视野宏观。这就要求经济学专业学生具有分析解决问题的新思维，注重从整体、全局思考问题能力的训练与强化。二是基础知识丰富。经济学专业的学生不仅要扎实掌握马克思主义政治经济学、西方经济学、国际经济学、发展经济学等理论经济学知识，还应掌握统计学、财政学、计量经济学等经济学分析工具方面的知识，奠定以后运用现代分析工具预测、规划、管理经济工作的基础。三是思维创新。政府经济决策、经济咨询机构部门对懂经济学、富有创新精神、综合素质高的经济学专业毕业生有很大需求，因此高校必须积极开展经济学创新实践活动，提高学生的创新能力。

（2）财税学专业的人才培养标准

目前，对税收学专业人才的需求主要集中在以下 3 类：一是国家公务员。国家公务员制度的推行，将有利于那些理论基础扎实、专业技能过硬的毕业生就业。那些具有真才实学的毕业生可以考虑通过公务员考试录用的方式到税务机关工作，具体可从事一般税收征收管理、税务稽查等工作，为国家税收征管部门、税收稽查部门和海关等部门服务。二是税务中介机构服务人员。税务代理是一项社会性的中介服务。开展好税务代理业务的核心，就是要积极培养和吸纳高学历的复合型人才，以优化税务代理人员的构成，这是发展税务代理行业的关键。三是公司、企业提高企业利润要加强财务管理，强化资本运作，迫切需要大量素质高、能力强的高端财税人才。税收专业人才教育应当从发展专业、服务社会的角度出发，不断拓展税收专业的生存空间，以积极主动的态度进行税收实践教学体系的改革，加强素质教育。另外，随着社会主义市场经济体制的不断健全和完善，财政政策作为国家宏观调控的主要手段，也必须得到进一步的完善和调整。

（3）金融学专业的人才培养标准

目前对金融学专业人才的需求主要集中在以下3类：一是高端型金融人才，金融业当前急需的是精通业务、有经验的高端金融人才，主要包括中高层管理人员、投资银行人才、投资组合咨询人才、市场营销人员等。二是国际型金融人才，国内金融机构业务趋向国际化，参与国际竞争的力度逐渐加大。因此，需要一大批精通国际金融业务、熟悉掌握外语的人才。三是复合型金融人才，这类人才是指既具备较强的外语和计算机操作运用能力，又熟悉各项国际、国内金融业务，具有开拓性视野的高层次人才。经济的全球化趋势，也加速了金融机构的中间业务由传统的贸易结算业务向以独立保函、保付代理等担保业务转变，这些使知识密集型、附加值高的中间业务日益成为银行的主流业务，因此，复合型高级金融人才成为各种金融机构争夺的目标。

健全的金融体制和完备的金融服务，是市场经济得以顺利发展的重要保障。对金融人才的要求主要有两个维度：一是业务能力，即金融人才要具备金融学方面的理论知识，熟悉金融业务，满足各种职业资格的要求；二是职业操守，即金融人才必须具备良好的职业操守，因为金融从业人员日常工作中要处理大量的资金交易，员工的违规行为会给企业和国家带来一定损失。

（4）国际贸易专业的人才培养标准

新形势下，对国际贸易专业人才的需求主要集中在以下3类：一是信息型国贸人才。随着电子商务的不断发展，外贸交易更多地依赖网络，这就要求国贸人才必须具备熟练的计算机操作能力，以及通过其他信息化途径及时了解商品检验、海关、银行等部门对能力的最新政策、法规，以便随时调整企业外贸策略。二是创新型国贸人才。企业产品在国际市场上的营销往往会受到别国政治、经济、文化、风俗习惯等的影响。必须在充分了解他国销售环境的前提下，采用创新的办法进行产品推销，以实现对外贸易的成功。为此，这就要求国贸人才必须具有一定的创新精神。三是前瞻型国贸人才。在国际市场上，充满了诸多的不确定性与复杂性，风险也随之增加。这就要求从事相关工作的国贸人才具有很强的前瞻性，能对市场进行定期的分析、预测，随时对市场的动向得出结论，及时做出反应，使自己处在先知先觉的地位；能对国际结算和进出口贸易实务有更深入的、全面的掌握，对业务风险进行准确的评估。

一般而言，对国贸人才的需求主要有两个方面：一是在业务素质方面，必须懂得管理、组织、营销的基本知识和谋略，能看懂资产负债、损益和现金流量等报表的内容并加以分析，善于运用贸易原理，能熟练从事整个业务流程；二是在综合素质方面，能较好地掌握英语听、说、读、写的基本知识和熟练的应用能力，掌握数理分析和统计方法，要有涵盖政治、经济、社会、宗教、国际等问题的知识面，有人际交往及谈判等能力，以及良好的职业道德等综合素质。

6.2　校企协同培育经济财税人才体系的构建

校企协同育人应社会所需、与市场接轨、与企业合作，是实践与理论相结合的全新理念。校企协同育人是一种注重培养质量，注重在校学习与企业实践，注重学校与企业资源、信息共享的“双赢”模式。人才培养是一个系统工程，要依靠全社会的共同努力。校企协同育人是各个子系统或组分相互作用而发挥效用的，教育系统中各个子系统发挥组织能力可以在一定条件下形成合作、互补的协同效应。人才培养各方面要取得良好的合作效果必须协同、联合政府、企业、高校各种力量来提高高等教育的效果和效益。

6.2.1　校企协同培育经济财税人才应当处理好的几种关系

财经类本科院校与企业之间的合作不能等同于职业教育式的“校企无缝对接”，应强调“有机性、系统性”，在注重专业教育的基础上，培养“具有一定理论基础和创新意识、具有可持续发展的适应能力强的应用型人才”。推进校企协同创新需要重视机制创新，整体规划、合理布局，构建多维度、多层面、系统化的培养机制，以实现学生的全面成长和发展。在市场配置机制方面，要正确协同高等教育发展规律、企业经济发展规律和市场经济规律的关系，坚持互惠性、互补性、主动性和协同性原则。在政策激励机制方面，要注意营造高校内部和校企外部的创业创新环境，同时制定校内的激励政策和政府的激励政策。在合作运行机制建设方面，要充分把握世界产学研合作模式创新的趋势，积极探索校企协同育人新模式和运行新机制。从宏观上看，学校、学生、社会、企业的运行目标、运行机制与价值取向，4 个系统可以实现各自独立运行，但各自独立运行难以实现自身的运行目标，而且存在资源耗散、效率低下、不能和谐发展的问题。反之，如果这 4 个系统相互联系、相互合作，则会带来资源充分利用、和谐发展的协同效应。各个层面之间互相联系、互相补充、互相协调，构成一个立体的教育网络，为高校人才培养创造一个良好的整体环境。通过系统的、协同的共同努力，为学生创业和发展提供更多帮助，需要处理好以下几种关系。

（1）处理好办学规模与办学质量的关系

绿色城镇化进程中财经类高校办学既要尊重教育规律，也要尊重市场经济规律。财经类高校的办学和发展竞争激烈。高职类院校人才培养具有强烈的职业特征，学生的职业技能较强，突出对岗位能力的培养，较好地实现了学生能力与企业的需求接轨。理工类和综合性院校在人才培养方面，不仅注重学生综合能力的培养，其知识面也很广。而财经类本科院校的学生注重理论学习却忽视了实践能力，经验不足，与企业需求存在着一定的差距。同时由于受学科专业限制，学生大多只接触经管类知识，对其他知识鲜有涉及，这就限制了财经类本科院校人才培养质量的提高。校企协同引入了多种参与主体，通过政府、企业等的参与，丰富了高校的教育资源，促进了学科融合。在高校开展多种形式的校内与校外协同时要处理好规模与办学质量的关系。财经类高校在协同创新的契机下，可以开展多种形式的协同与合作培养模式，以培养符合行业需求的、具有创新能力和实验能力的高素质人才。财经类高校本科人才培养校企协同模式可以多种多样，但是必须明确是办学质量的提升而不是单纯的办学规模的扩大。

（2）处理好政府与企业的关系

在政府与企业的关系中，政府的主导作用至关重要。政府及教育主管部门进行统筹规划、政策引导、整合资源，积极为高校与企业的合作搭建平台。政府搭建校企协同发展支持平台所产生的协同效应表现为，政府运用行政权力，充分服务于社会公共利益，使职业学校受益，使企业、行业受益，实现政府行政管理的治理目标。企业作为协同主体同样要构建校企合作实施平台。企业应切实采取实际行动，承担起共同为社会发展培养各类合格人才的社会责任和使命。企业参与校企合作所产生的协同效应表现在企业发展有了人才基础、技术支撑，企业不仅可以营利而且可以履行社会责任，树立了良好的社会形象。政府推进协同育人促进职业教育的发展，为社会提供公共服务是其必须履行的职责；为企业提供人力资源保障，是加快经济发展的有效手段；是实现就业、解决民生问题的重要途径。各级政府及教育主管部门应该高度重视校企合作，切实加强对校企合作工作的引导和支持。加快立法工作，把学校和企业双方在校企合作中的责任固定下来，维护并保障企业、学校及学生各自的合法权益，建立校企合作的长效机制。各级政府及教育主管部门应高度重视校企合作，在营造协同育人环境、促进校企协同合作、共建资源共享平台、保障协作长效运行等方面充分发挥作用。各级政府对校企合作教育的支持应落实到具体的法规、政策和措施上，对积极参与校企合作教育的企业应实行优惠政策，鼓励企业主动承担校企合作教育的任务，积极参与校企合作教育的全过程。积极营造全社会尊重劳动、崇尚技能的制度环境，平衡资本和劳动回报，形成企业和个人潜心进行技术技能积累的稳定心态。政府把校企合作纳入企业社会责任系统考核体系，纳入行业协会的社会职能和考核体系，对企业和行业组织实行有效监督。

（3）处理好学校与企业的关系

财经院校应该加强与银行、税务、保险、证券、投资等金融机构和企业事业单位的紧密合作。一方面，学校可在企业或有关行业广泛建立实习、实践基地，为学生提供稳固的实践教学基地，确保学生的社会实践和实习任务的顺利开展；另一方面，积极引导企业家等成功人士来校讲学，加强教师的实践创新能力，提高学校的实践教学水平，增强创新人才的实践能力，建设有特色的产学研相结合的协同创新工程。这样既可以服务社会，又能够使学校获得较多的社会资源，促进知识创新，促进人才培养质量的提升。校企协同育人的出发点和最终归属都是为企业培养合格有用的人才。在校企协同育人过程中，要尽最大可能满足企业的利益诉求。在校企协同发展的过程中，以企业岗位技能标准为目标培养学生专业技能，学生的职业生涯规划以企业的长远发展为出发点。充分考虑企业的主体地位和经济利益，促进企业积极参与校企合作。高校应充分发挥在校企合作教育方面的主动性，积极探索与本校、本地区发展需要相结合的校企合作的教育模式。高校要充分发挥能动性，充分利用各级政府及教育主管部门对于校企合作的优惠政策，积极加强与企业的联系，坚持以服务为宗旨、以就业为导向，积极探索校企合作的人才培养模式。结合校企合作的特点，在专业建设、课程建设、教材建设、评估模式、学籍管理、学生管理及招生就业等方面进行新的探索。

（4）处理好学校与学生的关系

经济学类专业是与时代紧密联系的学科专业，学习的内容应尽量和实际经济情况紧密结合。经管类课程理念大多相通，专业基础课程之间差别不大，可按大类培养。通过按大类培养，学校就能在课程设置方面融合不同专业的内容，从而更加贴近学生对知识的实际需求，同时适当调整教学内容，从而满足社会对学生掌握知识多元化的需求。另外，放宽学生的专业限制，鼓励和支持学生在学有余力的情况下辅修第二专业，这样有利于复合型人才的培养。学生在学好本专业的同时，可以根据个人兴趣、未来就业意愿等，自主选择修读辅修专业和双学士学位，以扩大知识面、提高综合素质、增强就业竞争力。学校还可以根据专业需要，以教育技术中心和校园网络建设为基础，设置相关实验课程，充分利用现代化技术设备，建立实验教学中心，以满足学生扩大知识面的需要。财经类大学生不仅要具备专业技术知识，还应具备较高的个人素质。财经类高校应当以丰富的校园文化和第二课堂活动内容来培养学生的创造性思维，培养学生的语言表达能力，促进学生的个性化发展，提高学生的综合素质和就业竞争力。财经类高校搭建校企协同育人支持平台要体现“育人为先、特色为基、立足社会”的主体功能价值，更要软化和渗透在学科专业设置、教学内容、教学方法、教学制度、校园文化建设等具体教学环节。

6.2.2 构建校企协同培育经济财税人才体系

加快财经类高校发展，构建和完善校企协同培育经济财税人才体系，有利于满足绿色城镇化对财经类人才的需求。构建和完善校企协同培育经济财税人才体系，必须充分体现其所具有的国际性、综合性、动态性和实践性的特点，将知识传授、能力培养和素质教育融为一体，在继续强化基础理论教育的同时，更加关注学生实践和创新能力的培养，逐步从传统的宏观理论研究角度转入微观实际操作，从过去只重视质的分析和定性研究转向对经济活动量的分析上，使教学内容更加贴近经济运行的现实，更加符合学生学习的特点和要求，从而激发学生全面参与教学的积极性和主动性，使其真正能够学有所获、学有所长，将来成为社会经济发展的有用之才。校企协同培育经济财税人才体系的构建主要包括以下两个方面的内容。

（1）以学生就业为导向，以能力培养为主线

课程教学内容的选择要充分体现高素质应用型人才培养的目标和要求，更加关注学生综合运用知识分析问题、解决问题能力的培养和锻炼；选择的教学内容要强化基础，使学生通过学习能够较为全面地理解和把握基础理论知识及基本业务技能；关注前沿，将学科发展的前沿动态及最新教研成果及时融入教学，以确保课程教学内容的发展性和领先性，并使学生初步具备把握学科发展最新动态的能力与水平；知识通联，把分散的相关知识点，联成网络体系，使学生视野开阔、情趣高尚，运用时能触类旁通，从而为能力发展提供良好的非智力因素的支持。经济财税类专业课程教学内容的组织安排要注意科学性和系统性，紧密结合应用型人才培养的目标定位和专业特点，积极吸收国内外先进的教学思想和研究成果，尝试由偏重于理论和政策、强调学科体系完整性的传统的经济学方式，逐步转向偏重于市场和实际应用、更加关注分析各种现实问题的管理学方式，注重学生能力的培养和提高，积极鼓励和引导学生参与教学活动。

（2）课程体系与实践体系的整合，探索校企合作的长效共赢模式

长期以来，经济财税类专业课程教学不同程度地存在着“重知轻能”“重理论轻实践”，教学内容与实际脱节，培养的人才“高分低能”、适应能力差、动手能力弱和缺乏创新能力等现象。学科本身来源于实践，应力求回归实践。校企合作提供了一种新的、更接近实践的教学方式，可以让学生置身于未来的生活环境，提前感受、适应，并将所学知识、能力、品质运用到实际操作中。另外，企业和科研机构拥有学校所不具备的优势，如真实的工作环境、压力、企业文化等，这也是让学生参加实训的重要原因。通过不断的教学实践和总结，在强化基础理论教育的同时，进一步充实和完善课程教学内容，逐渐形成架构合理且富有特色的课程理论框架和教学内容体系。为进一步拓展学生社会实践的渠道，财经类高校要重视产学研合作教育和校外实习基地的建设，使学生的专业水平和就业竞争力在理论与实践的结合中得到进一步提升。加强与银行、税务、保险、证券、基金等金融机构和企业单位的紧密合作，共同开展专业人员的交流合作和实验室、实习基地的共建，探索出一条有特色、易管理的合作教育新模式。

6.2.3　财经类高校校企协同培育经济财税人才的典型案例

经济学涉及社会经济治理，关注政策、决策走势，特别是中国正在经历由大国到强国的跨越，这无疑对高校经济学研究所能贡献的知识成果的水平和质量提出了更高的要求。很多财经类高校整合课程体系与实践体系，以学生就业为导向、以能力培养为主线，探索以校企合作为平台的深度结合的长效双赢模式。

1. 中央财经大学与世纪互联的合作

2016 年 7 月 5 日，中央财经大学和世纪互联数据中心有限公司（以下简称世纪互联）共同启动了区块链合作项目，设立了国内第一个基于区块链的校企联合实验室，同时作为国内第一所大学开设区块链相关课程。中央财经大学及世纪互联、中国人民银行、国家开发银行、微软公司、IBM 公司、德勤集团股份有限公司、北京京东世纪贸易有限公司、布比（北京）网络技术有限公司、北京火币天下网络技术有限公司、北京比邻信息技术有限公司、北京太一云科技有限公司、优识云创（北京）科技有限公司等多家单位成为项目的合作方。区块链是下一代互联网的基础协议，在底层协议上支持价值传递，是价值互联网的基石。微软公司、IBM 公司等已率先推出区块链，大量的创业公司也涌入这一领域。各国中央银行和金融机构也加快了对区块链的研究。为抢占技术产业发展的制高点，加强区块链技术在金融领域及其他商业环境中的实践应用，中央财经大学与世纪互联成立了区块链联合实验室，采取校企合作方式，在国内传播区块链知识，培养区

块链人才，并推动区块链应用在关键领域落地。中央财经大学作为“中国财经管理专家的摇篮”，在经济学、金融学、信息管理学等领域有着明显的教学与科研优势。区块链是比特币的底层技术，或将彻底颠覆金融业，很早就引起了中央财经大学的高度重视。学校将其作为一门前沿交叉学科予以关注，并推动信息学院与金融学院、税务学院等加强合作，在科研队伍建设和课题项目方面给予了倾斜性的支持。世纪互联是国内最早开展区块链研究的企业之一，已将区块链列为公司未来发展的一个战略方向。世纪互联推动成立了中关村区块链产业联盟，与相关单位一起促进区块链技术的标准化及产业化。世纪互联拥有多项区块链专利，在区块链技术上媲美甚至超越众多的国际一流研究机构。面向未来，世纪互联将重点推动区块链在能源、金融等领域的应用和推广。中央财经大学与世纪互联的 5 项合作内容：一是中央财经大学信息学院与世纪互联共建区块链联合实验室，搭建开放的实验平台；二是中央财经大学在 2016 年 9 月开设第一个国内大学区块链相关课程，与世纪互联分别准备理论课程和实验课程；三是联合开展区块链课题研究，共同确定研究方向，合作研发区块链应用场景；四是联合申请项目、发表论文和申请专利；五是共同举办区块链的会议和论坛，定期开展区块链的研究讨论，2016 年 9 月组织了金融信息安全与区块链会议。为提高教学、科研及技术成果转化的成效，准确把握区块链未来的学术方向，联合实验室还设立了专门的学术委员会进行指导。

中央财经大学-世纪互联区块链联合实验室的成立，瞄准了未来的价值互联网，开国内之先河，领行业之潮流，通过校企合作的方式，一方面为国家培养急需人才，另一方面也与产业深度融合，有利于实现技术转化。世纪互联将通过与中央财经大学共建联合实验室，共建区块链课程，加强区块链的技术研发与平台开发，推动产学研的联动，将区块链成果与业界分享，实现共赢、协同创新。

2. 南京财经大学的校企合作实践

面对高校如何服务社会这个全新课题，南京财经大学坚持走服务地方经济建设、服务行业发展之路，发挥特色学科优势，建设了一批研究智库，搭建了一批合作平台，产生了一批咨询成果，培训了一批专业人才，在服务江苏经济社会发展方面发挥日益重要的作用。2011 年 12 月江苏省政府与国家粮食局签署共建南京财经大学的协议；2012 年 10 月，“现代粮食流通产业发展与政策人才培养项目”博士人才培养项目获批，南京财经大学成为粮食行业第一所具有博士点的高校；2014 年 3 月，“现代粮食流通与安全协同创新中心”入选江苏高校协同创新中心。多年来，学校作为完成单位之一的“粮食储备“四合一”新技术研究开发与集成创新”项目，在三批国债建设的 1000 多亿斤（1 斤=0.5 千克）中央储备库和 500

多亿斤地方储备库中的推广应用，取得了巨大的经济效益和社会效益，获得了 2010 年国家科技进步一等奖。构建现代智库，创新社会服务平台。南京财经大学以“江苏省现代服务业协同创新中心”和江苏现代服务业研究院为依托，累计承担各类纵向研究课题 200 多项，其中国家级科研项目 60 多项，出版研究报告 20 多部，获得省级领导批示成果 10 多项。累计引进、孵化和培育现代服务企业 30 多家。学校以南京都市圈研究中心为依托，为创新南京都市圈合作模式、提升都市圈融合发展水平提供决策咨询，为推进都市圈经济社会全方位宽领域深度合作，在南京都市圈一体化和现代化建设中做出了重要贡献。通过资源整合和机制创新，南京财经大学还与江苏省质量技术监督局合作共建江苏省质量安全工程研究院，与江苏省工商行政管理局合作共建江苏品牌战略发展研究院，与江苏省文化厅合作共建江苏文化产业与市场研究中心，与江苏省统计局合作共建江苏省统计科学研究基地，与连云港市人民政府、昆山市人民政府、江苏省粮食集团、中国工商银行、南京银行、宏图三胞高科技术有限公司等单位签订了全面合作协议，建立了关系紧密的产学研联合体。创建大学科技园，集聚社会服务产业链。南京财经大学科技园于 2009 年 7 月成立，是经省教育厅、科技厅批准筹建的省级大学科技园。科技园依托南京市政府、鼓楼区政府科技创新园区建设的优惠政策，以及南京财经大学的人才和学科优势，立足现代服务业的产业定位，突出与学校优势学科相适应的现代服务业体系建设，围绕商务服务业、金融产品研发、文化创意、食品安全与粮油品质控制、中介咨询与高端培训等领域的发展与方向，打造现代服务业产品研发基地、企业孵化基地、人才培训与集聚基地、产业辐射基地、大学生实践实训基地及现代服务业理论成果创新交流基地。科技园以推动大学与企业的产学研合作、集聚现代服务业产业链为中心任务。科技园以“财”“智”两大园区特色定位为指引，园区定位于“财”，意在结合本校会计、金融、财务管理等专业学科优势，引进和汇集风险投资、银行、天使投资、私募股权基金等金融机构，以资金优势服务园区企业；园区定位于“智”，意在结合本校管理、法学、人力资源、艺术设计等专业学科优势，引进汇集律师事务所、投资咨询、知识产权、人力资源等智力服务专业机构，以智力资源优势服务江苏经济发展。多年来，南京财经大学围绕着国家经济发展的重大问题开展持续性研究，不断地为社会提供人才、智力和社会服务等方面的支持，体现了高校服务社会的责任和义务。

3. 上海财经大学的校企合作实践

作为财经类专业性大学，上海财经大学做基础性、原创性研究以抢占国际学术话语权，同时服务于国家发展战略和重大需求。注重引导教师发现和解决带有根本性的经济科学问题和制约中国经济社会发展的现实瓶颈问题，以促进理论与实际的有机融合，从而追求长远卓越。整合全校资源，上海财经大学经济学院于2006年7月积极倡导成立了高等研究院。作为国际化的中国社会经济问题研究平台。高等研究院主要依托海内外优秀研究团队，理论结合实际，定性与定量分析并举，以项目的形式联合攻关，研究中国改革和发展中出现的长远重大战略性问题和当前难点、热点经济问题。上海财经大学还牵头与复旦大学、西南财经大学等一道成立了国内首个经济类的协同创新中心——“经济学与中国转型发展”协同创新中心，积极探索协同创新有效模式。上海财经大学积极投身校企合作，广泛开展了形式多样的合作模式与交流，2014年7月28日与上海证大金融信息服务有限公司的合作，开启了校企合作的又一篇章，这既是学校自身发展的总要求，也是推动高等教育前进的原动力，更是促进企业又快又好发展、助力中国经济前进的催化剂。上海证大金融信息服务有限公司作为一个创新型微金融服务平台，有着先进的金融理念与国内丰富的市场经验。在互联网金融的大背景下，公司致力于提供优质的网络金融咨询和资金支持。同上海财经大学开展深入的战略合作，在商业人才培养和金融科研开发等领域获得长足发展，创造了更多的财富和价值。校企合作双方搭建产学研联盟、共建实践基地和合作人才培养，多角度、全方位地促进研究、教学和实践的充分融合互动。

6.3　校企协同培育经济财税人才机制创新的路径

“创新高校人才培养机制，促进高校办出特色争创一流”，是党的十八届三中全会对高等教育改革发展提出的最直接的、最明确的要求。然而目前财经类高校在人才培养机制上存在着一些不容忽视的问题，主要表现在：从高校内部看，人才培养没有很好地与经济社会发展需求、就业创业状况深度对接及良性互动，教学管理制度亟待改革，普遍存在着培养与需求、教学与科研、理论与实践、校内资源与社会资源结合得不够紧密的问题。从高校外部看，集聚社会资源协同培养人才的法规政策不到位，影响了有关部门、科研院所、行业企业参与人才培养的积极性、主动性和创造性。人才培养质量的评价指标体系单一，第三方的评价监督不到位。立足绿色城镇化对财经类高校发展的新要求，探讨积极稳妥地推进财经类高校经济财税人才培养的机制创新的路径，提高高校为绿色城镇化建设的服务能力。要把构建协同育人机制作为重要突破口。高校不能关起门来办学，让学生钻进“象牙塔”，而要充分利用社会资源，把社会资源转化为育人资源。所谓协同育人，就是集聚各种资源投入人才培养，创立高校与有关部门、科研院所、行业企业联合培养人才的新机制，实现强强联合、优势互补，形成可持续发展的协同机制来促进创新要素的深度融合，培养拔尖的创新人才的合作机制。

6.3.1 创新校企协同育人的目标机制和规划机制

校企协同育人的目标机制和规划机制主要体现在确定目标、选择方案和反馈调整等方面。

1）关注城镇化需求，明确财经类高校应用型本科定位，致力于培养德才兼备，具有宏观经济视野、微观实践能力的复合型应用人才。高校是城镇化建设人才集聚、科技创新和文化传承的重要支撑。校企协同育人的目标可以分为长期目标和短期目标。长期目标的范围应遍布系统内所有重要的部门。其目标是动态的，可以随情况的改变而调整。短期目标是对长期目标的具体细化，这种细化按照时间顺序排列，循序渐进，逐一实现，使之朝着长期目标前进。只有把长期目标和短期目标结合起来，才能最大限度地发挥规划的指导作用。在快速推进绿色城镇化进程中，技术技能人才供需矛盾日益突出，高校需要主动承担服务地方的使命。财经类高校只有明确应用型本科的定位，将学科专业设置与产业发展紧密结合，服务于城镇化建设和产业布局，才能发挥最大的经济社会效益。应用型人才是为社会和经济发展服务的，要提高应用型人才的质量和人才培养的针对性，满足企业和社会发展对人才的要求，关注城镇化建设对人才的实际需求是关键。长期以来，财经类高校与城镇企业长期分离、校企互信程度低，对企业发展现状了解不足，缺乏实地调查。在培养人才过程中，财经类高校需要提高社会需求关注度，时刻关注地方经济发展和城镇化建设需求，深入调查和分析城镇企业、行业的发展现状和趋势及就业结构变化。根据城镇化建设要求和产业调整需求，集中优势资源用于技术技能型应用人才的培养。财经类高校的发展以应用为导向，针对学科知识发展和实际工作情况对教学内容进行修订，紧扣城镇主导产业和新兴产业发展改造老专业、增设新专业，构建为城镇发展服务的学科知识与应用能力并重的课程结构，从而提高本科应用型人才培养的质量，促进财经类高校更好地服务于地方经济发展和城镇化建设。

2）重视能力培养，形成产教融合的高校治理结构。在具体教育教学过程中，重视能力培养，形成产教融合的高校治理结构，提高人才培养的针对性是促进地方高校向应用技术型大学转型的关键。应用型人才培养强调能力的培养，要求学生通过学习获得未来职业所需的综合能力并具备良好的适应性和灵活性。产教融合的高校治理结构，有利于缩小学校教学与城镇企业实际需求之间的差距，形成共建共享优质教育资源、共同培育应用型人才的新格局。所培养的本科应用型人才具有较强的专业综合能力，能够较好、较快地适应工作需要，满足城镇企业和社会经济发展的需求。产教融合要求地方高校开设的专业与城镇企业的应用型技能人才需求相衔接，城镇行业、企业全面参与应用型人才的培养，为人才培养提供真实环境、真实设备、真实项目、真实岗位的职业技能实习、实训课程机会与实践指导。

6.3.2　完善校企协同育人的动力机制和激励机制

政府加强对高校的校企协同育人政策引导，完善校企协同育人的动力机制和激励机制。财经类高校校企协同育人机制的发展，要依靠地方政府、高校和行业企业等多方的共同努力。地方政府要加大支持力度，鼓励企事业单位、科研机构、高校对人才的培养，并为校企协同育人创造良好的条件。具体包括以下几个方面的内容。

1）加强对校企合作教育的支持力度，通过立法、政府补贴等形式，积极为高校与企业的合作搭建平台。各级政府及教育主管部门应该高度重视校企合作，切实加强对校企合作工作的领导，把学校和企业双方在校企合作中的责任固定下来，保障并维护企业、学校及学生各自的合法权益，建立校企合作的长效机制。各级政府对校企合作教育的倡导和支持应落实到具体的法规、政策和措施中，对积极开展校企合作的院校应给予政策、基金等方面的鼓励和支持，促进高等院校大力开展校企合作教育，为财经类高校培养应用技术型人才创造良好的政策环境。

2）鼓励和支持城镇行业、企业参与地方高校人才培养。地方政府采取多种措施鼓励和支持城镇行业、企业参与地方高校人才培养，对积极参与校企合作教育的企业应实行包括实际利益（如减免税额、政府补贴）的优惠政策，从而调动企业参与校企合作教的积极性。对接受学生实习并支付实习报酬的企业，给予税收方面的优惠政策，利用经济杠杆调动企业对校企合作的积极性。同时拨出专项基金，对参与校企合作的企业给予适当的财政补贴和其他形式的专项经费支持。校企合作，可以帮助学校了解企业对员工所需知识与能力的具体要求，从而解决学校与企业之间所教非所用的问题，最终受益的还是企业。因为学校培养的符合企业用人标准的合格人才多了，可以降低企业的招聘费用及所聘用人员岗前培训的费用，从而降低企业的运营成本，增加企业利润，有助于企业在市场上保持竞争力。

3）加大对财经类高校的经费投入。引导地方高校依据城镇经济发展对人才层次和规格的需求，加快人才培养结构和学科专业结构调整，推动学科专业设置与地方产业发展和城镇建设相匹配。地方政府加大资金投入力度，为财经类高校校企协同育人提供经费保障，填补技术技能人才培养的中间薄弱环节。学校和企业作为独立的利益主体分别有各自的利益诉求，学校应积极寻找并及时把握校企双方的利益结合点，围绕校企利益结合点设立多样化的合作项目，以服务企业换取企业服务，实现合作共赢。

6.3.3　健全校企协同育人过程控制机制和质量评估机制

1. 健全校企协同育人过程控制机制和质量评估机制的要求

健全校企协同育人过程控制机制，要把深化教育教学改革作为主要手段。教育教学改革是人才培养机制改革的核心。要着力推动教学内容的改革，建立高校教学内容充分反映学科专业研究新进展、相关实践新经验、人的全面发展新需要的长效机制。

1）强化实践教学，创建校企合作人才培养过程控制机制。财经类高校要重视人才培养的实践教学，实践教学是使理论知识向能力转化的重要环节，是培养学生实践能力和创新精神的重要途径，也是提高学生综合素质的关键环节。校企合作中，城镇企业为学校实践教学提供各方面的支持，有助于学生深入了解城镇企业工作，深化知识理解并提高解决问题的能力，确保毕业生的职业技能与综合素质符合城镇企业目标和岗位的实际需求。学生在企业实习的成本低，可以将科研成果直接快速地运用于企业，从而促进城镇企业发展。地方高校通过各种形式加强与城镇企业的合作，企业向学生提供实习岗位和毕业设计岗位，学生通过实习、实践项目、完成毕业论文等方式融入城镇企业；企业中专业人员可以作为特聘讲师到学校授课，地方高校教师也可以进入企业进行实地考察，教师通过合作科研、提供咨询、参与产品解决方案等方式服务于城镇企业；企业参与地方高校的项目教学活动，资助学校的科研项目或作为合作者与地方高校共同进行课题研究。学校强化实践教学，加强校企合作人才培养过程控制，通过合作提高本校的科研实力和服务城镇能力。

2）加强教师队伍建设，提升财经类高校办学层次。要着力推动教学方法的改革，鼓励教师更多地采用参与式、讨论式、交互式的教学方法，同时加强现代信息技术在教学过程中的应用，引导学生自主学习，丰富教师教学手段、提高教学效果。要着力推动教学管理机制的改革，建立有利于推进教师互聘、课程互选、学分互认、自主选学、弹性学制的长效机制，建立更加灵活管用的学籍管理制度，进一步放宽修业年限，允许学生分阶段完成学业。要着力提升教师的教学能力，确保教师把主要精力投入教学。要求高校把教授给本科生上课作为一项基本制度，将承担本科教学任务作为教授聘任的基本条件。同时要改进对教师的科研评价办法，强调科研对人才培养的贡献度，引导教师把科研成果转化为教学内容，构建科研反哺教学的长效机制。地方高校向应用技术型大学转型发展是对外提升人才培养质量、对内提升办学层次的过程。教师队伍素质直接决定了地方高校校企合作人才培养过程的控制能力。地方高校的大部分教师缺少在企业锻炼和从业的经历。引进企业优秀人才到校任教，提高兼职教师、技术技能教师的比例，建设符合应用型人才培养需要的双师型教师队伍，引导和激励教师主动开展技术研发，促进科技成果转化，更好地为企业和城镇服务。

2. 校企协同育人评估机制创新和改进的要求

校企协同育人评估机制创新应当从系统内部评估和系统外部评估两个方面来建立和健全，实现校企协同育人教育评估的多角度和全方位。

（1）校企协同育人内部评估机制的改进

校企协同育人内部评估指标体系的制订既要反映高等教育的自身特点和规律，还要根据校企协同育人的实际特点，各个指标应具备以下几个要素。

1）指标具有综合性。校企协同育人的形式多样、内容丰富，因此在评估指标的设计中应包括学生的德、能、勤、绩各个方面的表现。

2）指标具有动态性。评估工作应经常性、动态性地进行。

3）指标具有系统性。校企协同育人是一个完整的科学体系，其作用的发挥需要依赖一种内在的整体机制，因此在评估中要做到局部与整体的有机结合。

4）评估机制切合实际，具有针对性和可行性。

（2）吸纳更多的主体参与校企协同育人评估

在校企协同育人评估机制中引入专业教师评估、学生评估及校外机构评估。

1）引入专业教师评估。让专业教师从专业教学的角度来分析、评判校企协同育人，提出他们的见解，进一步改善教学工作。

2）引入学生评估。学生是校企协同育人的主体之一，是校企协同育人的接受者，是最有发言权的。学生评估形式可分为主观评估和客观评估两类，即学生对参与校企协同育人的主观感受和由学生提供一些反映校企协同育人工作开展情况的客观数据。

3）引入校外机构评估。校外评估机构往往能够以他们的专业视角，借助管理科学中的检测、评估方法，对校企协同育人的实践结果进行多形式、多层次、多方面的综合性评估，并且由于他们站在第三方的立场，因此给出的评估往往更为客观。目前，我国还没有专门的校企协同育人校外机构评估，可以建立一些组织机构来承担校企协同育人校外评估的职能，探索有效的评估机制，发挥其对校企协同育人工作开展的导向作用。

6.3.4　构建通畅的校企沟通协调机制

在高等教育人才供给和配置的市场上，影响教育产品供求平衡的主要原因是高等教育人才供给和大学生就业市场的信息不完全。缺乏完善的校企合作信息沟通制度，用人单位、高校、大学生之间的信息不能及时沟通，从而呈现失衡的矛盾局面。解决人才培养与绿色城镇化需求不相适应的问题，建立和健全校企协同机制培育经济财税人才，迫切需要建立多样化的校企合作信息沟通制度和平台。及时把握绿色城镇化进程中企业参与学校办学的利益诉求，这是有效开展校企合作的前提。校企协同育人的整个过程中，需要行业、企业和科研院所大力参与，共同搭建协同育人平台，共同制订教学计划、教学内容和培养目标。实现专业对接产业、课程对接岗位，学校改革教学内容和教学方法，积极开发教学资源，落实专业理论教学和技能实训教学，提高学生实践操作能力，增强学生的就业和创业能力，达到校企合作的真正目标。在生产中结合教学需要，安排生产工人、技术人员、管理人员作为兼职教学人员，根据产教结合教学计划，实施生产中的教学工作及提供教学见习机会。校企协同育人的每一步都离不开学校和企业合作信息的沟通和协调。校企双方应加强沟通，建立校企合作长效沟通协调机制。学校要安排相关人员到有意向合作的企业实地考察，了解企业用工需求、合作愿景，保证专业在一定时期内的方向性。在学生实训过程中，学校听取企业对学校、学生的意见，解决学生出现的困难和问题。培养新时期社会经济发展急需的人才，财经类高校立足城镇经济社会发展，确立应用技术型本科办学定位，构建通畅的校企沟通协调机制。

绿色城镇化进程中，随着科学技术的迅猛发展，产业结构不断优化升级，技术密集型产业、高新技术产业、高附加值产业不断增多。根据城镇化发展对人才的实际需要，突出地方特色，建设特色鲜明的高水平应用技术型大学，培养应用型人才，服务城乡经济发展。体现和实现自身价值，使学生学有所教和学有所用，绿色城镇化建设给财经类高校发展提出新任务，也给经济学人才培养提出新要求。同绿色城镇化发展的新要求相比，经济学人才培养机制还存在一些亟待解决的问题，财经类高校与企业协同育人机制不够完善，经济学学历教育和在职培训相互衔接不够紧密，职业化与经济学理论教育的相互结合不够到位。财经类高校的解决人才培养与绿色城镇化发展需求不相适应的问题，必须走校企合作培养人才之路，邀请企业、科研院所深入参与人才培养的全过程，使其由人才的使用方转变为人才的培养方，只有这样才能提高经济学类人才培养的适用性，为绿色城镇化发展提供支持。要健全和完善校企协同机制培育经济财税人才，必须创新校企协同育人的目标机制和规划机制；完善校企协同育人的动力机制和激励机制；平衡校企利益分享机制；健全校企协同育人过程控制机制和质量评估机制；构建通畅的校企沟通协调机制。

本章小结

本章着重介绍了为适应绿色城镇化发展需要，财经类高校在人才培养、科学研究等方面与地方政府、企业和科研院所要建立一种互动、协同的关系。校企协同培养创新经济财税人才，不仅需要财经类高校采取措施积极应对，也需要协同教学、协同科研、协同培养的融合联动机制。

经济学类专业要体现办学特色最终要依靠培养的学生的质量和水平。经济学专业本科致力于培养内外兼修、德才兼备，具有宏观经济视野、微观实践能力的高素质复合型应用人才。通过系统的、协同的多方共同努力，处理好办学规模与办学质量、政府与企业、学校与企业和学校与学生的关系。

财经类高校搭建校企协同发展支持平台不仅要体现其主体功能价值，还要软化和渗透在学科专业设置、教学内容、教学方法、教学制度、校园文化建设等具体教学环节上。构建和完善校企协同培育经济学人才体系，以学生就业为导向，以能力培养为主线，整合课程体系与实践体系，探索校企协同育人的长效共赢模式。实行校企协同育人模式既可以服务社会，又能使学校获得较多的社会资源，促进人才培养质量的提升与发展。

针对目前财经类高校在人才培养机制上存在的问题，财经类高校必须走校企协同培养人才之路。要建立和健全校企协同培育经济财税人才机制，必须创新校企协同育人的各方联动机制。

第 7 章　结语与展望

7.1　结　　语

我国作为一个后发式现代化国家，相较于早期的英国、德国、美国等发达国家，校企协同育人起步较晚。在吸取发达国家的原有发展经验后，我国也开始逐渐探索校企协同育人模式。然而，早期我国实行校企协同育人的范围主要存在于工、商、旅游等应用型学科中，对于经济财税人才培养的校企协同育人模式还很少，外部条件保障不完善，校企协同育人机制建立不够系统。

随着我国技术密集型及资本密集型企业规模的不断增长，企业对于知识复合型人才越来越重视，知识在企业乃至整个经济运行中影响深远。在发达国家的示范作用下，我国企业与高等院校的项目合作更加频繁，双方共同培养本科人才意愿也更加强烈。我国校企协同育人发展迅速，校企合作的力度也在不断增强。然而，我国校企合作无论是在规模方面还是效益方面仍与发达国家存在较大的差距。校企协同育人还存在很多问题，如政府在协同育人过程中没有发挥应有的作用，校企协同培育经济财税人才不仅需要高校和企业、学者与企业家的协同，还需要政府的支持及引导。

在经济全球化的环境中，我国经济财税人才培养也出现了本土化与国际化教学之争论，但想法较一致的是在人才培养上需要与企业合作，共同培育能够适应现实社会、创造价值的复合型人才。所以，本书着重探析了高校经济财税人才培养的校企协同育人机制。在前 6 章内容中，在绿色城镇化进程中，由于经济结构的转型升级，经济财税人才的社会供需状况发生了变化，主要体现在经济财税人才的供需矛盾上。要切实解决人才培养与绿色城镇化需求不相适应的问题，必须构建紧密、科学、可持续的校企协同育人机制。良好的运行机制是解决企业和科研院所更好地参与高校人才培养的关键。因此要创新构建紧密、稳定、深层次的校企协同育人的运行机制，以绿色城镇化发展为契机，建立和完善校企协同育人机制。

7.2 展　　望

综合以上分析，校企协同育人不是简单地由单独的机制促进的，它是一个系统工程。从理论上看，校企协同育人模式是一件艰巨复杂的事情，它是一个有机系统，涉及社会中的多个方面，需要深入研究。从实践上看，经济财税人才校企协同育人要加快培养机制创新，以绿色城镇化进程中需求为指导，明确应用型本科定位，合理制定人才培养方案，深化教育内容及教育形式的改革，形成高效的校企协同育人模式。引导应用型本科院校应在实践教学、教师及员工培训、毕业生就业等方面与企业开展广泛合作。学校应与企业建立互惠互利的协作关系，有计划地对企业人才需求情况展开深入调研，动态调整专业设置，适应绿色城镇化进程中对人才的迫切需要；要对人才培养目标进行分析，提高毕业生对岗位的适应性；按企业需求设计教学计划，保证教学内容的针对性；加强与企业的合作，使学校获得更多的社会资源，确保学生的社会实践和实习任务顺利开展，锻炼学生的实践能力，促进学生全面发展。

要结合国外的经验和我国多年来校企合作教育开展的实际，通过政府的引导作用，构建企业—学生—高校的统一整体，构建符合我国国情的校企协同育人的教育模式。校企协同育人是各财经类高校教育改革的有效出路，各高校也应积极探索符合内在规律及本质要求的长效体制机制，实现高校、企业在教育上的有机融合。校企协同育人注重学校与企业资源、信息共享的双赢模式，它更能将企业—高校—学生联结成一个统一的整体。校企协同育人应社会所需，与市场接轨使理论教育更贴近实践，并且校企协同育人要根据城镇化发展对人才的实际需要，突出地方特色，探索出更加符合高校教育发展的新模式、新思路。建设成特色鲜明的高水平应用技术型大学，培养应用型人才，服务城乡经济发展，实现自身价值。

在绿色城镇化进程中，经济财税人才培养还应注意以下几个方面。首先，要继续支持、鼓励和引导企业与高校共建协同育人机制，提高企业参与的积极性和主动性，发挥好高校办学的自主性及创新性。自主性和创新性是区别于其他高校的重要特征，各高校由于各方面的差异，以及人才培养的时间有限，所以各财经类高校都不可能培养出所有类型的、多样化的人才。这就要求财经类高校的人才培养模式必须具备自身特色，不同的高校应当考虑自身的历史条件和发展现状，合理制定人才的培养目标，不断调整与市场需求相适应的人才培养计划。其次，应把校企协同育人放在更宽广的范围中。由于高校之间资源的差异性，发挥各高校间的比较优势，建立高校战略合作伙伴关系是优化配置高等教育资源的重要手段。目前在国内形成很多具有高水平行业特色的大学战略合作联盟，但是财经类高校的参与度还不够高。从整体上看，财经类高校是行业特征比较明显的专业性学校，在办学历史和办学定位上存在着较大的相似性。因此，如果财经类高校能够在充分发挥自身特色的同时，加强财经类高校之间及财经类高校和综合性大学、理工类大学的合作，取长补短，汲取办学经验，从而培养优势学科，完善专业设置，就能够拓宽财经类院校人才培养的渠道。最后，要建立健全校企协同育人体制机制，还需不断积极探索科学决策机制、目标管理机制、项目管理机制、信息反馈机制、稳定预警机制等多种协同机制。校企协同育人体制机制还需要不断完善、不断创新，从而更好地融入绿色城镇化进程中，实现“1+1>2”的育人效果。

第二篇　实 践 探 索

第 8 章　贵州财经大学经济财税人才培养的实践探索

贵州财经大学始建于 1958 年，是一所以经济学、管理学学科为主体，法学、文学、教育学、艺术学、理学、工学等多学科协调发展的财经类大学。学校坚持“立足贵州、面向西南、辐射全国”的服务定位，重视平台建设和科研服务，现设有 6 个省级科研机构、33 个校级科研机构、2 个省级协同创新中心，初步形成了反贫困、生态经济、山地经济、经济史及农村金融等特色研究领域。学校依托学科、人才、智力等优势，积极服务地方经济社会发展，努力把学校建设成为贵州省高素质经济管理人才培养基地、欠发达地区经济管理理论研究中心和贵州省经济社会发展政策咨询中心，充分发挥“智库”的作用。

贵州财经大学实践教学理念是以“锻铸儒魂商才”为人才培养目标，坚持理论教学与实践教学并重的“两轮驱动”培养模式，以能力培养为核心，以人本主义和建构主义教育理念为指导，发挥学校经济管理类专业综合互补的学科优势，充分利用现代信息技术，整合校外教育资源，把理论教育与社会实践相结合、课堂教育与课外教育相结合、教育引导与自我管理相结合，建立创新创业实验教学课程体系，通过“做中学”实现对学生自主学习能力、创新思维能力、动手实践能力、沟通协作能力等多层次创新创业能力的培养，提升学生的综合素质。

8.1　贵州财经大学经济财税人才培养的定位

贵州财经大学经济学院（以下简称经济学院）结合学校办学定位、区域经济社会发展和经济学院实际，明确了各学科专业人才的培养目标。经济财税专业贯彻“儒魂商才”的人才培养目标，坚持人才培养的中心地位，培养高素质复合型应用人才。经济财税专业人才培养要适应国家和地方经济社会发展需要，培养胸怀建设中国特色社会主义理想，具有健全的人格心智、良好的道德情操、扎实的理论功底、较强的实践能力，并富于创新精神和人文关怀，能胜任工商企业、金融机构、政府组织和职业学校等机构部门综合管理、管理教育和科学研究等工作的高素质应用型人才。

贵州财经大学经济财税人才培养定位及要求是在明确学校定位和目标的指导下，结合区域经济社会发展实际及经济学院客观情况下制定的。其主要涉及以下几个方面。

1）高度契合贵州财经大学的发展战略目标。贵州省社会经济发展长期滞后于全国，属于欠发达、欠开发地区，作为贵州省唯一的财经类大学，学校以“富民兴黔”为己任，为地区经济和社会发展提供人才和智力支持。目前，学校根据高等教育发展的一般规律及自身的发展态势，提出了建设教学研究型财经类大学的目标，经济学院作为学校重要的理论经济学科及应用经济学科的科研和教学机构，经济财税类专业更应发挥引领作用，为建设教学研究型财经类大学提供重要的支撑。

2）地方人才培养需要。贵州作为全国扶贫攻坚的主战场，要在 2020 年与全国同步全面建成小康社会，亟须解决人口的贫困问题，扶贫先扶智，高等教育的发展对人口实现根本性脱贫具有重要的现实意义。长期以来，经济学院中有 90%的学生来自贵州省，绝大多数毕业生在行政事业单位、企业、公益组织等不同领域中服务于贵州省地方经济社会发展。这些毕业生不仅实现了自身家庭的根本性脱贫，也成为区域经济社会发展的中坚力量，因而经济财税人才培养定位也理应立足于贵州省实际。

3）学科专业优势。经济学院现拥有理论经济学和应用经济学两个省级特色重点学科。目前，经济学院人口资源与环境经济学、经济史、财政学、区域经济学等学科已成为省内一流学科。同时，经济学院也是学校申报理论经济学一级学科博士学位授权点的承担单位。学科建设的发展必将提升专业建设水平和促进人才培养目标的实现。贵州财经大学的税收学是贵州省示范性专业，全国专业排名进入前 20，经济学院将进一步发挥优势，整合资源，促进专业融合，建设教学研究型经济学院，培养高素质复合型人才。

贵州财经大学经济财税专业人才培养要求：热爱社会主义祖国，拥护中国共产党领导，践行社会主义核心价值观，具有爱国爱民的社会责任感，具有强烈的民主意识、法治意识和敬业精神。具有良好的思想道德素养、科学人文素养、人格心智素养、学科专业素养；具有较强的基础能力、专业能力、实践能力和创新能力，并在自主学习、表达沟通、信息处理、数理分析、经管思维等五大基础能力方面具有明显优势。具有良好的经济学和管理学理论素养；具有较强的决策分析能力、科学研究能力和综合管理能力。

8.2　贵州财经大学经济财税人才培养的思路

贵州财经大学经济财税人才培养的总体思路：围绕经济财税人才培养的目标定位形成符合时代要求的、顺应“儒魂商才”理念的、科学的规范化的教学方案；拥有一支热爱教育事业、责任心强、结构合理、教学经验丰富的师资队伍；教学内容与时代接轨，课程体系完整新颖，第一课堂与第二课堂融合进行；建成高水平、设备齐全、能够适应培养一流经济财税人才需求的教学和科研设施。根据这一总体培养思路，以经济学院为载体，经济财税类专业明确了人才培养计划，制定了一系列切实可行且卓有成效的培养思路。紧紧围绕重点产业和重点学科，针对不同行业的需求制订培养计划，以适应各类单位经济财税人才培养需求，着力提高经济财税等各类人才的创新能力。

1）经济学院注重师资队伍建设的发展规划，以之作为优化师资结构、促进人才培养质量提升的重要手段。按照“规模适度，质量提高，培养和引进高素质、高水平、高学历专业教师”的原则来建设培育师资力量，努力实现人才资源从数量增加向质量提升的内涵式转变，优化专业、职称、年龄结构以满足经济学院发展和人才培养的要求。为培养好和使用好现有的教师资源，经济学院明确采取诸多措施加强师资培养。例如，鼓励和支持经济学院教职工提升学历、教学科研能力和管理水平；又如，选派教师到校外参加教学技能相关培训。贵州财经大学财政学和税收学专业自 2014 年 7 月以来，每年组织 3～6 名教师参加全国专业教学指导委员会组织的财政学暑期教师培训。

2）教授和博士始终在本科教学的第一线。经济学院明确规定教授、副教授及其他高级职称人员，承担并完成经济学院规定的本科及以上课程的教学任务，每学年必须为本科生至少主讲一门课程（80 课时以上）。经济学院有一大批学术水平高、科研能力强、育人成果显著的教授长期坚守在教学一线，切实履行工作职责。此外，经济学院还要求教授和博士每年必须为本科生开设两次讲座，将自己的科研思考及本学科的前沿问题传授给本科生。

3）经济财税专业实行精英教育培养模式，要求学生掌握扎实的经济学、财税学等理论知识，并由具有博士学位的教师担任班主任。本专业实行 4 学年的基本学制；按学分制管理、实行弹性学习年限（3～6 年）。按教学计划和有关规定，提前学完全部课程并取得相应学分，符合毕业条件者，允许提前毕业（修业年限不得少于 3 年）。学生学习年限不得超过 6 年。在规定学制内，修满各教学环节规定的学分，成绩合格，毕业论文（设计）达到要求，方可毕业。符合学校学士学位授予条件的毕业生，授予经济学学士学位。

8.3　贵州财经大学经济财税人才培养的基本情况

经济学院作为经济财税人才培养的摇篮，其以培养高层次经济财税及经济管理人才为己任，形成了以研究生教育为先导和以本科教育为主体的人才培养体系。浓厚的学术氛围、优质的教学质量及完善的奖学助学制度，为经济财税人才的茁壮成长提供了充分的保障。经济学院的经济财税人才培养面向经济建设主战场，主动适应经济建设发展需要，经济学及财税学专业毕业生深受社会各界欢迎，毕业生就业率和就业质量在贵州高校中一直名列前茅。自2008年以来，经济学院建立了贵州省经济财税人才培养基地（以下简称基地），该基地内部设置新型经济管理、财税金融管理、实效团队训练、经济法律法规等教研组。在贵州省经济快速增长、国家倡导绿色发展的背景下，贵州省经济财税人才培养基地依托精良的师资队伍，以更加合理的课程设置和更加专业化的培训模式为全省经济财税部门提供综合性的培训服务。2011年，经济学院被世界政治经济学协会吸收为理事单位。2013年10月，经济学院承办"全国高校社会主义经济理论与实践研讨会第27次年会"，该研讨会在中国经济学界规格最高、规模最大。

贵州财经大学成立实验教学部，紧紧围绕学校"儒魂商才"人才培养这一目标，以培养学生综合素质能力及创新创业能力为突破口，优化实验教学体系，积极推动相关实验实践教育教学改革，整合校政企三方资源，构建了开放、高效的创新创业实验教学平台。

1. 贵州财经大学校企合作及实验教学主要建设特色内容

1）构建了层次递进的培养链的教学模式，打造完备的创新创业教育体系。贵州财经大学创新创业实验教学示范中心通过多年探索建设，逐步形成了体系完备、层次递进的培养链创新创业教学模式。从创新创业基础教育、创新创业仿真实训，到创新创业实践教育，逐级推进，便于全方位培养学生创新意识和运用所学专业知识进行创业和科学研究的能力。

2）整合校政企三方资源，形成了开放、高效的创新创业实验教学平台。贵州财经大学实验教学部积极开展创新创业教育资源整合的探索。自2009年以来，联合相关企业、政府部门进行调研，提出了利用花溪高校聚集区建设的机遇，整合高校、企业、政府资源，建立贵州省大学生创业孵化基地。通过整合学校现有创新创业教育资源，依据经济管理类、理工类、文科类等不同学科的特点，在硬件资源建设方面，该平台构建了实验室建设的新模式：共建、共管、共享、开放。实现了资源共享。在专业综合性资源建设方面，打破了各学科专业的实验教学界限，为相同学科的共同课程建立创新创业实验室，为学生实际创业打造高校的实验教学资源平台，助力其综合创业能力的提升。

3）自主研发市场竞争模型，实现基于高峰体验的创业模拟实训。通过多年的不断探索与完善，在原有获省级教学成果特等奖的经济管理综合实验基础上，发展出独具特色的"一条主线、两个平台、三种方法、四大主体、五个环节"的创业模拟实训课程。虚实结合搭建了一个高仿真、全方位的虚拟商业市场环境，学生在其中扮演银行、保险公司、会计师事务所、供应商、制造商、税务局、工商局等角色，自主研发的市场竞争推演模型，使创业竞争模拟更大程度地接近真实市场，激发了学生的学习热情，让学生能够在真实复杂环境下进行决策制定、战略博弈、沟通协作，创新创业能力有效提升。

4）“线上+线下”的立体创新思维训练实验课程。贵州财经大学实验教学部开设的创新思维训练课程，作为大学城互选课及贵州财经大学公共选修课程开设，在课程内容组织上，通过打造“课上+课下”“校内+校外”“线上+线下”全方位的教学环境，真正让学生养成创新思维的意识和习惯。尤其是“线上”方式，配套与慕课类似的动态网站和手机 APP，打通在线学习、互动和评价模块，不仅提高了创新思维训练学习的黏性，更为后续课程大规模的网上开放校外共享奠定了基础。

2. 贵州财经大学校企合作及实验教学取得成果

经过几年的实验教学实践改革，在实验教学方面，实验实践教育的效果也初步体现。贵州财经大学校企合作及实验教学主要获奖成果汇总如表 8-1 所示。

表 8-1 贵州财经大学校企合作及实验教学主要获奖成果汇总

时间	校企合作及实验教学主要获奖成果
2007 年	贵州财经大学经济管理实验中心获“国家级实验教学示范中心建设单位”
2008 年	“创新实验教学体系，打造应用型人才培养基地——贵州财经学院创建国家级实验教学示范中心探索与实践”获贵州省高等教育省级教学成果奖
2009 年	①“创新实验教学体系，打造应用能力培养平台”获“国家级教学成果二等奖” ② 贵州财经大学文科综合实验中心获“省级文科综合实验教学示范中心”
2010 年	贵州财经大学创新创业实验教学中心获贵阳市创业人才培训基地
2011 年	① 以本课程资源为核心建立的实验教学平台，获贵州省制造业信息化优秀培训基地 ② 贵州财经大学经济管理综合实验团队获省级教学团队
2012 年	贵州财经大学创新创业实验教学中心获省级实验教学示范中心
2013 年	①“基于学生综合能力培养的经济管理综合实验探索与实践”项目获贵州省第八届高等教育省级教学成果特等奖 ② 经济管理虚拟仿真实验教学示范中心成为国家级虚拟仿真实验教学中心 ③ 贵州财经大学创新创业实训中心构建了由 16 人组成的校外专家导师库
2014 年	① 贵州财经大学创新创业实训中心获贵州省大学生创业学院 ② 闯入贵阳市“金点子”大赛前六强，并入选“创业摇篮计划”
2015 年	① 贵州财经大学创新创业实训中心获贵阳市创业项目开发征集单位 ② 创新思维训练课程获校级教学成果一等奖 ③ 创新思维训练课程获校级教学范式改革一等奖
2011～2015 年	贵州财经大学创新创业实训中心孵化学生实际创业典型企业 11 家，如贵州世界树云呼叫服务有限公司，一家面向政府、金融、旅游等中高端需求的呼叫服务外包中心
2013～2015 年	发表相关论文 32 篇，出版教材 8 部，撰写研究报告 12 篇

8.4　贵州财经大学经济财税人才培养的特色

贵州财经大学是贵州省唯一的以经济学、管理学学科为主体，以服务贵州经济社会发展为目标的大学，将生态经济、山地经济、减贫与发展、农村金融确定为重点研究领域，取得了一批特色研究成果。贵州财经大学培养经济财税人才的特色有以下几个方面。

1. 推进产教融合协同育人，提升教育教学质量

教学过程与实践过程对接，在税收学和财政学专业中实行“一出两进”的实验实践教学模式。学校鼓励进行人才培养模式探索和创新，并为其创造优良的环境，有机结合学校教育和社会教育，从而培养高素质应用型的经济财税专业人才。经济学院于 2015 年 4 月与贵安新区国家税务局达成“一揽子”战略合作协议，目前正与贵阳市、遵义市、贵安新区地方税务局洽谈合作协议。“一出两进”的合作方选择的是贵州省贵安新区国税局，它的干部学历层次较高，业务水平过硬，从业经验十分丰富。结合社会对人才的质量需求和学校发展目标，“一出两进”实验实践教学改革的探索将财政税务机关、高校教师及学生三者联合起来，探讨能够保证三方均获益的最优合作方案，最大限度地体现个性化、特色化。此外，专业教师充分参与区域或者产业的规划制定工作，总结和提炼了经济发展、产业规划的相关案例并将其带到课堂，丰富了案例教学。

2. 实施“本科导师制”管理方法

由经济学院专业教师担任本专业学生的专业导师，每位专业导师负责 8～15 名学生，定期进行一对一沟通交流，就某些问题以讨论、角色扮演、组织论坛等形式进行探讨，有利于形成“边学边干”的有效学习路径，帮助学生增强专业认知能力，激发其科研兴趣，为其提供学习指导，让学生在参与中形成创新思维并提升其解决实际问题的能力。从表现优秀的学长中遴选优秀导师工作者，优秀导师工作者负责与导师对接，反馈同学的需要和导师的任务，成为联系经济学院、导师和学生个体的重要纽带。

3. 持续开展社会责任感和爱心教育

结合贵州财经大学经济财税类专业特点，组织贵州台江电商扶贫社会实践队，赴贵州省台江县进行实地考察和调查分析，为相关项目提供第一手资料。关爱帮扶留守儿童，组织暑期社会实践队，连续两年赴贵州省台江县为留守儿童送去关

爱。2009 年，退休教授、杰出校友等自发成立“牛犊基金”，举师生之力帮扶品学兼优的大学生。社会责任感和爱心教育成为经济学院衔接“儒魂”与“商才”的有效渠道。

4. 高峰体验模块

高峰体验模块由新生学习体验、学科专业体验、毕业就业体验 3 个模块组成，辅之以“儒魂商才”综合素质训练，紧扣贵州财经大学“儒魂商才”的办学定位。

1）新生学习体验在第一、第二学期内完成，包括学校组织军训、新生教育和新生研讨课 3 个项目，学生按规定参加学习和训练，按要求完成作业和项目，有利于学生对大学生活的初步规划和认知。

2）学科专业体验包括初级体验、中级体验和高级体验 3 个部分。初级体验由课程认知实验实践、专业认知实习、社会调查与实践 3 个项目组成，其中课程认知实验占课程学分由各门课程任课教师组织实施。中级体验包含科学研究方法与论文写作、思想政治课实践、课程验证实验、专业实习（实验），其中课程验证实验占课程学分，由各门课程任课教师组织实施。高级体验由高峰体验概述、社会经济仿真综合实验、毕业实习及毕业论文（设计）构成。

3）毕业就业体验是大部分本科生大学生活结束的象征，一般设在第四年，供以就业实践、职业体验及毕业生教育，为即将毕业的学生提供就业帮助，有助于毕业生顺利毕业。

本 章 小 结

本章主要介绍了贵州财经大学经济财税人才培养方面的实践探索，主要内容涉及贵州财经大学经济学院经济财税人才培养的定位、思路、基本情况和特色等。贵州财经大学经济学院在实践探索过程中，坚持以“儒魂商才”为培养目标，充分发挥学科优势，使经济财税人才的培养方案更贴近贵州省发展的实际，以更好地服务于当地经济的发展。

第 9 章　贵州财经大学经济财税人才培养的教学体系建设

9.1　课程体系建设

为深入贯彻《国家教育发展规划纲要》《贵州省中长期教育改革和发展规划纲要（2010—2020 年）》等相关文件精神，进一步提高本科人才培养质量。根据《贵州财经大学关于进一步提高人才培养质量的实施方案》的要求，经济学院对经济财税本科课程进行了课程教学范式的改革探索。由于理论教学的课程体系的内容及结构体系决定了经济财税人才所掌握知识结构的深度和广度，因此经济学院高度重视本科课程体系的规划建设，根据经济财税专业发展要求和社会发展需要，不断充实和完善课程体系，丰富本科教学的课程资源。其课程体系建设主要有以下几个方面的内容。

1）不断推进课程建设信息化，学科共同课、部分专业课及精品课程已经实现教学资源的发布、贡献与动态调整。在课程建设过程中，从重点建设学科基础课和专业核心课单门课程入手，逐步确立了系列化、立体化的建设思路，在促进课程建设中，也促进课程组这一基层组织的建设与发展，在全校形成多个有机教学团队，确保了学校人才培养的中心地位和本科教学的基础地位，推动了学校教学改革与建设进程，提高了人才培养质量。经济财税专业课程体系包括公共基础课、通识课、学科共同课、专业课、高峰体验、“儒魂商才”综合素质训练等模块。本专业的主要核心课程包括“西方经济学”“发展经济学”“财政学”“货币银行学”“计量经济学”“统计学”“中级西方经济学”“当代西方经济学流派”“数理经济学”“博弈论”“金融市场学”等。其中，“西方经济学”和“发展经济学”两门课程为省级精品课程。专业选修课提供学生个人选择，其中“运筹学”“资本论（选读）”“新制度经济学”“劳动经济学”等标有“*”提醒学生优先选择，并安排“跨国公司论”“财务管理”“信息经济学”等其余 20 余门专业选修课待选。

2）贵州财经大学本科推行课程组教研活动方式，建设教学团队，注重师资队伍整体水平的提高。为了加强师资队伍建设，贵州财经大学有计划地聘请国内外一流专家、国家级行业领军人才到基地承担教学和科研工作，依托优质的师资队伍，基地培训的课程设置和教学方式均为学生所接受。教学工作涉及课程、专业、学科、教学等多个概念，但课程是最基本的概念，是学科和专业、科研与教学联系的纽带，是高校人才培养工作的“心脏”。

3）为了体现服务地方的学校服务定位，在教学内容上，穿插大量与贵州相关的调研课题和经济案例的分析来充实教学内容，并提高学生理论与实际相结合的能力，通过合理教学内容和课程设置争取为地方培养更多的高素质复合型人才。同时，合理利用花溪大学城兄弟学校教学资源，贵州财经大学与周边如贵州师范大学、贵州医科大学及贵州省教育厅等共建高校互选课程管理系统，使学生可以选择其他学校任课教师开设的课程，以供自身学习。

9.2　教材体系建设

要对课程体系进行丰富，教材体系建设也应该不断更新，主要是拓展学生学习的素材范围，为学生打造一个更好的学习体系，提供更多的学习资源。经济学院根据学校制定实施的《教材选用及征订管理办法》，形成了规范的教材建设和管理制度。近年来，在课程教学理念的指导下，经济学院认真执行教材选用制度，严格教材选用程序，明确系、院两级教材选用审核制度，确保教材的前沿性和适用性，为所开设课程选用高质量的教材，把好教材选用的审核与质量关。每学期教材征订要求优先选用精品教材、面向 21 世纪课程教材、国家规划教材、国家重点教材、教学指导委员会推荐的教材、学校立项编写教材及近 3 年出版的新教材。征订教材要按学校制定的专业培养方案执行。同时，经济学院大力鼓励自编重点教材，对于立项的重点教材，积极帮助教师联系出版社。目前，在科学出版社出版的《财政学》，已经成为国家“十二五”规划教材，《财政学》（第二版）正在申报国家“十三五”规划教材。

9.3　第二课堂体系建设

1. 贵州财经大学第二课堂体系建设的必要性

第二课堂和第一课堂都是学校加强素质教育、培养高素质人才的重要领域。第一课堂、第二课堂共同构成了完整的高校育人系统。在高等教育改革发展的新形势下，高校的育人理念、育人机制、育人内容、育人方式发生了深刻变化。高等教育大众化，各种经济新理论、新实践的出现，单纯的第一课堂的教育已经不能满足学生的需要。要培养德智体美劳全面发展的综合人才，必须充分发挥第一课堂和第二课堂的共同作用。在经济学院各单位齐心协力的作用下，对于经济财税人才的培养，勇于开拓，不断创新，在打造第二课堂育人体系、着力提升学生全面素质方面取得了一定成效。

贵州财经大学以培养“儒魂商才”为目标，以立德树人为主线，不断完善第二课堂育人体系。以德育教育为主线，培养学生良好的道德情操和社会主义核心价值观。经济学院实行专人专职制度，学生党建、资助工作、毕业生工作等都有专职辅导员负责，以党建为龙头，以德育为主线，探索实施第二课堂中学生良好道德品质的塑造途径。为了切实掌握学生的思想动态，以便有针对性地开展学生党建工作和日常思想政治教育，开展了低年级学生入党动机和入党积极性的引导和教育工作，取得了良好的效果。以提升创新创业能力、实践动手能力、社会适应能力为目的，开展多种多样的创新实践活动。结合学科特点，发挥经济学院专业多、学生动手能力强的优势，积极动员学生参加各种创新创业比赛。开展丰富多彩的校园文化活动，营造具有文化内涵和精神底蕴的校园文化环境，以文化育人，提高学生文化素养。就提高学生综合素质、促进学生成长成才而言，第二课堂与第一课堂同等重要。第一课堂的培养目标和优势在于提高青年学生的专业素质，即“一专”；而第二课堂的培养目标和优势在于帮助青年学生根据自己的兴趣或需求培养或拓展多方面的素质与能力，即“多能”。现代社会所需要的恰恰是厚基础、宽口径、一专多能、适应性强的复合型人才，第一课堂的专业不再是学生主要的甚至唯一的就业出路。

2. 贵州财经大学第二课堂活动的内容

1）在德育教育上，以专题讲座形式，加强学生理想信念教育，培育学生树立正确的世界观、人生观、价值观。为了取得良好的教育效果，经济学院党课一直坚持“理论”和“实践”两手抓的教学思想。每学年经济学院书记和副书记都坚持给学生上党课，通过介绍党史，让学生了解中国共产党领导我国走上富强、民主、文明、和谐的中国特色社会主义道路的光辉历程，教育学生热爱党、热爱祖国，坚定共产主义的理想信念，引导学生树立正确的入党动机，激励学生积极上进。同时经济学院还特邀党建组织员做报告，从不同的侧面和角度进行党课讲授，提高党课的授课质量，激发学生的学习积极性。身边的人是最有影响力的，所以经济学院在学院内部树立示范党员和先进党员模范，并举办先进事迹报告会，引领学生走向优秀。

2）在学习活动上，2016 年 4～5 月，经济学院承办了贵州财经大学第一届“税收·发展·民生”税收知识挑战赛。通过创办、开展特色活动，既培养了学生的专业能力，同时也极大地丰富了第二课堂的教学内容，扩大了广大学生的参与面，充分调动了学生学习的积极性，培养了学生创新精神。积极引导学生参加创新创业大赛，着力培养学生创新精神。对在各类活动中涌现的一批具有创新精神和扎实基础的学生，经济学院安排专业教师对其进行专门辅导，鼓励学生参与科技立项，参加全省、全国大赛，或者指导学生发表专业论文等。在 2016 年举行的贵州财经大学“大学生创新创业大赛”中，经济学院申报的 9 个学生项目获得立项，其中 8 项省级、1 项校级。这体现了经济学院在创新创业第二课堂上的工作扎实有效。建设经济财税人才的亚当•斯密论坛，形成有特色的学习俱乐部，有效督促学生阅读经典文献，开展经典文献研讨和评述活动，提高经济财税专业学生的学术氛围，进一步加强学生和教师的第二课堂互动。

3）在对外交流上，经济学院鼓励学生进行对外交流。2016 年，经济学院共有 3 名学生到美国进行为期 3 个月的交流，1 名学生到中国台湾进行交流。

4）在资源互补上，基地还积极为学生架起教育资源、科学研究、企业发展、金融服务等领域的通道，为各单位在解决实际工作中提供智力支持和资源支持。基地成立了专家服务团，根据企业自主培训需要，到企业授课，以满足企业大规模培训干部和员工的需要。专业课成绩仅仅是衡量毕业生素质的一个方面，第二课堂的素质拓展与能力训练对提高毕业生的竞争力越来越重要。积极拓展第二课堂建设对于学生素质提升和对知识的拓展及运用起到很大的作用。

9.4　质量保障体系建设

根据经济学院的办学定位和人才培养目标，明确制定了教学质量标准，制定了《经济学院教学质量保障监控体系》，围绕质量标准要求从制度、组织、人员、信息等方面构建起覆盖教学全过程的质量保障体系。质量标准保障系统是学校教学质量保障体系的基础，经济学院教学质量标准包括专业人才培养质量标准、主要教学环节质量标准、教学管理工作程序及规范、专业建设、课程建设、教材建设、实验室建设和教师行为等。

1. 经济学院质量保障体系建设内容

（1）培养方案和课程体系建设方面

1）原则和标准明确，制定本科人才培养方案，要体现本科教育教学内容的基础性原则，坚持知识、能力、素质协调发展原则；体现实施大类培养，拓宽专业口径，优化课程结构原则；体现特色课程设置，服务区域发展原则；体现理论教学与实践教学相结合，注重实验实践教学原则，体现以学生为主体，因材施教，增加学生自主学习时间和空间的原则。

2）培养方案和课程体系根据实际需要每年进行研讨和修改完善，根据经济学院的时间安排，首先由各专业教研室进行研讨，提出修改完善意见初稿；其次经经济学院学术委员会讨论初步定稿后提交学校教务处，教务处将各分院对专业课的课程设置进行汇总和审核后，提交学校学术委员会审议；最后报校长办公会讨论通过后实施。以上过程已成为每年的工作惯例。

（2）在课程教学方面

经济学院制定了《经济学院教师工作规范暂行条例》，明确要求各专业以教研室为依托定期开展教学研讨活动，并作为年终考核项目。在课程准备和上课过程中，每门课要求必须具备“教学五大件”，包括教学大纲、教材、教学进度表、授课 PPT 或板书准备稿、教案或课堂讲义，鼓励教师根据不同课程需要建立案例库、习题库等，并对教师的课堂教学行为规范、课程作业、课外辅导与答疑等均有明确规定，要求任课教师严格遵守。此外，积极推进教学范式改革，明确所有专业基础课逐步完成教学范式改革，按照学校对教学范式改革的要求统一进行评价。

（3）实践、实习教学方面

对教学目标、教学质量、实习、毕业论文等制定了具体的质量标准，各项实践、实习教学环节要求有大纲、有计划、有检查，确保各专业严格执行。

（4）考试和试卷管理方面

根据学校考试管理的相关规定，凡本科专业培养方案规定的课程都必须进行考核。明确学生的考试纪律要求，缓考、免考、补考办法。根据课程的特点和要求，考核可采取闭卷笔试、开卷笔试、机试、口试、笔试与口试相结合等方式进行。具有明确的命题要求，按照《贵州财经大学本科考试题（卷）库建设与规定》中的要求和标准逐渐建立题库（卷库），考核内容要覆盖教学大纲规定的基本内容，“三基”（基础知识、基本理论、基本技能）部分、综合部分和提高（扩展）部分应各占有一定的比例。难易度比例上，较易占 20%左右，中等难度占 35%左右，较难占 30%左右，难度较大占 15%左右。能力层次结构上，识记占 15%左右，理解占 25%左右，简单应用占 35%左右，综合应用占 25%左右。题型原则上不少于 5 种（视课程特点确定命题方案，从而确定题型类别和结构）。课程试卷由各学院（部）按试卷审核程序（教师或教研室命题→教研室主任审核签字→学院主管教学院长签字）对试卷质量进行严格把关。学校教务处不定期组织专家对试卷进行命题质量分析。评卷结束后对考试结果进行质量分析。任课教师按教学班级填写《成绩分析报告》，根据分析表中的各栏目要求如实对学生考试结果及答卷情况进行总结和分析。此外，还明确规定了试卷的审批、印制、保密、评阅、保存制度，以及巡考、考生行为规范、监考教师行为规范等要求。

2. 经济学院教学质量保障体系的总体架构

为确保教学质量目标的达成，经济学院建立了“全过程监控、动态反馈、全员参与”的质量保障模式。经济学院根据人才培养质量标准，以教学资源、教学管理队伍和制度建设为保障，以教学质量监控、评价和反馈为重点，进行教学全过程闭环质量监控。围绕人才培养全过程进行监控、分析与改进。经济学院教学质量保障体系的总体架构由质量标准、制度建设、组织管理、监控执行、资源条件保障几个方面构成。

1）质量标准包括专业人才培养质量标准、主要教学环节质量标准、教学管理工作程序及规范专业建设标准、课程建设标准、教材建设标准等。

2）制度建设是指确保教学工作有序运行的各项管理制度、办法、意见、规范等。制度建设保障系统主要包括教学管理制度、学生管理制度和教师管理制度等。

3）组织管理是教学质量保障体系的统领决策部分，包括经济学院领导、经济学院分管教学副院长、系主任（副主任）、教学秘书等。其任务是教学管理部门对整个教学过程进行管理与检查指导，并通过信息反馈机制来修正管理政策、措施，同时促进教学条件建设。

4）监控执行主要为教学质量监控，包括教学质量决策、过程质量控制、效果质量评价和质量信息反馈4个方面。教学质量的监控组织包括经济学院领导、经济学院分管教学副院长、系主任（副主任）、教学督导组，通过集中性教学检查、教学管理评价、课程考核评价、实践教学评价、理论教学评价等措施，对日常教学环节进行监控，对教学的质量状态做出评价，对存在的问题进行诊断，并提出改进教学质量方面的意见，由此形成教学信息反馈、教学事故调查与处理、教学改进、教学激励等相应的质量改进途径与方法，实现教学质量保障体系的闭环，促进教学质量不断提高。

5）资源条件保障包括教学经费保障、师资队伍建设、培养方案的修订与完善、课程建设、教材建设、实验室建设和实习基地建设等内容。

3. 经济学院质量保障体系组织及制度

（1）经济学院质量保障体系的组织

在质量保障体系的组织上，经济学院建立了经济学院主要领导负总责、经济学院分管副院长负责日常管理、各系负责本专业教学质量保障相关工作的组织结构。各系及经济学院全体教师通过例会、教研活动等方式及时提出对经济学院教学质量保障工作的建议。经济学院主要领导、经济学院分管副院长、各系主任通过定期例会进行质量标准、保障制度、日常工作方案、教师队伍建设、资源保障条件、工作奖惩办法等事项的讨论、决策。经济学院教务、实践办负责日常质量监控过程的行政事务工作、信息收集整理和反馈等工作。经济学院办公室协助院领导和各系具体落实资源保障条件的完善。学院全体任课教师在各系的组织下，认真执行学校和经济学院各项质量保障要求，并及时根据教学情况反馈调整和改进教学工作。

（2）经济学院质量保障制度

经济学院的质量保障制度主要是认真落实学校相关各项规定要求，主要包括《本科人才培养方案管理相关规定》《教学管理规定》《教学信息员制度》《选课管理规定》《本科学生实践教学管理规定》《考试管理规定》《试卷管理规定》《本科毕业论文（设计）撰写规范》《学生毕业论文（设计）答辩的基本程序》等管理制度，对课堂教学、实践教学、毕业论文、考试考核等方面都做出了规范要求。在此基础上，经济学院还进一步细化学校相关规定，制定了《经济学院教学范式改革实施方案与评价体系》《经济学院本科学生实践教学管理规定》《经济学院实验教学管理规定》《贵州财经大学实验课成绩管理规定》《经济学院本科学生毕业论文（设计）工作管理规定》《经济学院实习安全制度》等。此外，还推行了本科生导师制度、教学基本状态数据库填报制度、任课教师资格审查制度等，确保教学工作的有序开展和教学质量的提升。

9.5　引导体系建设

为更好地引领贵州财经大学经济财税类人才培养的教学体系建设，应加强人才培养的引导体系建设。认真贯彻“学思结合、知行合一”的教学理念，实施“以能力为中心”的人才培养新模式，进一步创新人才培养过程，把传统固定的教育过程转变为教学互动的选择性过程，把传统的知识传授过程转变为教学互动的选择性过程，把传统的知识传授过程转变为以能力培养为中心的教学过程，全面引入现代教学方法和技术，不断提高经济财税人才培养的质量。引导体系建设有以下几个方面的内容。

（1）建立学风培育机制，强化学风建设

学校的教育质量和学生的素质直接影响着人才培养的质量。学风是一项根本制约因素，加强对学生的学风教育和建设优良学风一直是经济学院的根本任务之一，因此经济学院制定了《经济学院学风建设规划》。为实现这一目标，经济学院开展了以下几个方面的工作。

1）加强新生班级管理团队建设，邀请长期在学工队伍第一线的学工部门教师担任新生班主任，充分利用其资源优势，召开系列主题班会，使学生尽快适应大学生活。同时在高年级专业中选择优秀学生干部担任代班长，既帮助辅导员、班主任提高了工作效率，又锻炼了学生干部，更使新生可以从学生、教师、经济学院等多方位获取帮助和指导，实现了学生工作的细则化、立体化；组织开展了“优秀大学毕业生学习经验交流”系列活动，大学一年级至大学三年级学生参加交流活动。

2）开展系列活动，是经济学院深入贯彻“两学一做”精神的一项具体措施，为学生相互交流搭建了良好的平台。通过交流和分享，营造了良好的学习氛围，为经济学院的学风建设打下了坚实的基础；组织开展“向上好青年”主题团日活动。通过活动，引导学生处理好工作与学习的关系，使学生在不耽误学业的同时，积极参加各项创新创业活动，锻炼自我能力。

3）重点关注学习困难的学生，通过面谈、QQ 交流和集体辅导等手段做好转化工作，使学生能够顺利完成学业，取得了初步成效。通过建立档案，经济学院对学生的问题和困难给予特殊关注，并鼓励其积极学习；安排专业教师和辅导员对其进行辅导，同时发挥党员和学生干部的作用，实施一对一的帮扶，增强其学习动力。

4）严查学生到课率。根据《贵州财经大学学生手册》相关规定，配合学校关于学风建设相关文件精神，进一步营造良好的学习氛围，加强经济学院的学风建设，结合经济学院实际情况，专门下发文件部署学生查课工作。要求每节课由班干部填写学生课堂出勤情况表，任课老师签字确认。每周以班级为单位，对本周课堂出勤情况进行汇总，每月建立汇总报表，对经常旷课的学生提出通报批评，并由辅导员对其进行谈心谈话；情节严重的，联系家长，通报其在校表现情况，及时纠正学生的不良行为。

通过上述活动，有利于学生养成良好的学习习惯，端正学习态度，在形成良好的学风方面取得显著成效。

（2）严把课程教学质量关，引导经济财税人才培养内涵建设

经济学院以课堂教学质量为基本出发点，强调课堂教学的规范性、严谨性和新颖性。

1）要规范教学要件的制定与修改。在课堂教学中，教师必备课堂教学 PPT、教案、教学大纲、教学进度表、实验实践大纲、案例集等基本教学要件，基本教学要件在学期初提交教研室和经济学院进行审核，从而保证教学进程的规范性。教学大纲的制定由课程组负责，经过系和经济学院审核后实施。任课教师严格按照教学大纲进行备课、讲课，对于由不同教师承担授课任务的课程，要在教学大纲的基础上进行集体研讨，以保证教学内容的严谨性、一致性和连续性。经济学院制定了《本科理论课程教学大纲编制（修订）与管理规定》，明确规定教学大纲

符合培养目标和教学计划的要求，能根据专业特点、社会需求和学科前沿，结合学科发展和客观经济社会发展情况，灵活调整教学大纲和教学内容，从而保证教学大纲内容的新颖性。不断完善课程体系，丰富本科教学的课程资源。在教学过程中，大量引入与贵州相关的调研课题和经济案例来充实教学内容，培养学生扎实的理论功底、较强的实践能力及理论联系实际的能力。为加大课堂教学督查力度，经济学院以开展“课堂教学，人人过关”活动为契机，以教研室为单位组织对本学期开课的课堂教学质量进行了检查，通过课后交流、座谈会等方式进行反馈，有效地规范教师的课堂教学行为，督促教师进一步提高教学能力。

2）大力促进教学与科研的结合。经济学院高度重视科研与教学的有机融合。要求任课教师在积极投身本科教学工作的同时，结合与教学内容相关的学术领域开展科学研究，并通过科学研究促进教学工作。经济学院鼓励教师把科研工作中积累的经验带到课堂，把科研中获得的新知识、新经验、新成果及时融入教学中，进一步丰富课堂教学内容，活跃课堂气氛，培养学生的创新意识和创造性思维，全面提高课程教学质量。例如，资源与环境经济学专业的教师采取田野调查与课堂教学相结合的方式，提高了学生的学习兴趣。教师的教学教改科研既来自课堂，又被带回了课堂检验。又如，财政学专业教学指导委员会委托的课题“课程设置与就业导向研究”就目前课程设置和就业之间的关系进行了深入讨论，并对下一步课程优化提出了思考和建议；《税法课程教学范式改革的实践与探索》对教学观念、教学方法和课程考核等进行了探索和思考，也被运用到实际教学中。

3）创新教学方法与学习方法。经济学院积极推行教学方法和教学手段创新，鼓励教师采用启发式、案例式、讨论式、探究式、参与式、项目式等教学方式，不断丰富教学手段，努力提高教学质量；鼓励教师灵活运用课堂讲授、小组讨论课、学术讲座、学生参观、实地调查、绘制知识地图等教学方法进行教学，激发学生的学习兴趣。

4）积极推动课程考核方式改革。为了配合学校本科课程教学范式改革，根据“多元化、重过程、考能力”的原则，经济学院大力鼓励教师按照课程的属性和特点推行课程考核方式改革。经济学院制定了《经济学院试题与题库建设方案》《经济学院阅卷评分制度》《经济学院学生成绩考核管理办法》。目前，经济学院的课程考核方式主要有两种：第一种是传统考核方式，平时考核成绩（含作业、测验、见习、调查、课外阅读、课堂提问等）至少占总成绩的30%，期末考试成绩占70%以下。第二种是“平时成绩+能力考核+期末考试”方式，这种方式强调学生的学习过程考核，权重通常按照30%、30%（或35%）、40%（或35%）的比例设置。能力考核的方式多种多样，可以采取口试、案例分析、课程论文、项目汇报等方式进行。

（3）改善教师科研激励、奖励机制，创新学分制度

要引导建立创新型教学体系，就必须改变现有僵化的教育教学评价体系，突破应试教育背景下的固化思维。鼓励教师把创新方法、创新精神融入课堂教学中，同时也要鼓励学生大胆进行创新。通过改善教师科研激励、奖励机制，形成以科研促教学、教学科研相统一的机制。对教师的科研奖励重点侧重“三高一费”，即重点奖励高水平论文、高级别课题、高层次学术会议及横向课题经费。支持教师积极加强国内外学术交流，积极承办全国性学术会议。实践证明，依托学科专业团队的强大科研力量，将学科前沿的最新成果融入课程内容中，可以极大地提高学生的学术水平和创新能力。引入创新学分制度，鼓励和倡导学生积极参加学科竞赛、科技和科研等第二课堂活动，通过参加课外科技创新活动获取学分，促进创新人才的培养。凡在校本科学生在学期间完成的科研项目、获得的省部级及以上各类学科竞赛奖励，经学校教务处和科研处鉴定，符合登记学分条件的，可评定成绩和登记科研与创新奖励学分，记入学生本人学籍卡。全面改革考试制度，注意发挥考试制度对学生的引导作用，运用考试指挥棒来引导学生自觉培养创新能力。

本章小结

本章主要介绍了贵州财经大学经济财税人才培养的教学体系建设，包括课程体系建设、教材体系建设、第二课堂体系建设、质量保障体系建设和引导体系建设等内容。不断完善与推进这几大方面的体系建设，以更好地引领经济财税人才培养的教学体系建设，不断提高经济财税人才的培养质量。

第 10 章 贵州财经大学校企协同育人的思考与实践

经过多年的发展，贵州财经大学已成为贵州省乃至西部地区培养和输送高级应用型经济管理人才的重要基地。在多年的办学实践中，贵州财经大学凝练出“儒魂商才”的人才培养目标，深入推进“一个主基调、两个发展极”[①]的发展战略，强调以本科教学为核心，以培养应用型高素质人才为发展目标，以服务地方经济为办学宗旨。作为财经类院校的核心专业之一，税收学专业的主要社会功能有两个，一是研究成果为政府税务决策提供理论和政策依据；二是为财政税务等公共部门、企事业单位培养和输送高级经济与管理人才。在绿色城镇化进程中，经济财税专业的发展面临严峻的挑战，在体现高校人才培养和专业培养目标定位、提高教师的教学水平、丰富教师的实验实践教学内容，推动实验实践教学的发展，培养适应市场经济需要的人才等方面还存在很多突出的问题。为此，经济学院破除传统观念，充分发挥学科和专业优势，在坚持学校办学理念和办学宗旨的基础上，开辟税收学专业为行政部门输送人才、为市场经济及私人部门服务、为企业发展服务的新领域，走人才培养模式创新之路，探索了“一出两进”的实验实践教学新模式。

10.1 理论与实践相结合是校企协同培育经济财税人才的前提

1. 贵州财经大学理论与实践相结合的必要性和可行性

理论与实践相结合是校企协同培育经济财税人才的前提，经济学院理论与实践相结合的必要性和可行性表现在以下几个方面。

1）校方的大力支持是实验实践教学改革的基石。近年来，随着本科教育模式的转变，信息化的加速及就业形势的严峻化，各财经类院校大多适时进行了教学

---

① 一个主基调，即着力提高本科教学质量，打造一流本科教育。两个发展极有两层含义：一是围绕单位申报，强化学科建设，提高科研水平；二是围绕国际合作办学、强化平台建设、扩大对外开放。

改革，其中最重要的举措就是推进实验实践教学改革。由于税收学专业的许多基础及专业课程具有应用性强的特点，在开展实验实践教学改革方面具有得天独厚的优势。因此，贵州财经大学在 2005 年成立了财税实验室，并取得了一定的教学成效。为保证实验实践教学效果得到进一步的提升，贵州财经大学近年来大力鼓励人才培养模式的探索和创新，加大对实验实践教学的重视，对有意愿和有条件“走出去”和“引进来”的专业实行绿色通道，举全校之力创造优良环境，保证学生在较好掌握税收理论知识的同时，增强创新能力、动手能力和实践能力，通过学校教育和社会教育的有机结合，经济学院为社会培养高素质应用型的税收专业人才。

2）税务机关的优良资源是实验实践教学改革的现实依托。随着税收信息化的迅速发展和国家金税工程的逐步实施，财税部门对国家有关税收的方针、政策和法规十分熟悉，了解财税领域未来发展动态，因此，与税务机关合作，既有利于提高师生的实际操作能力，熟悉业务流程，也有利于紧跟国家改革发展步伐，做到知识结构的及时更新。“一出两进”的合作方是以贵州省贵安新区国税局为代表的税务机关，税务机关干部队伍年轻化，学历层次较高，业务水平过硬，从业经验丰富，具有较强的宣传贵安新区、宣传本单位、培养年轻干部、提高征纳服务水平、实现人生价值的意愿，因此，税务机关的优良资源保障是“一出两进”系列的现实依托。

3）教师的理论基础是实验实践教学改革的有效保证。教学质量高、结构合理的教学团队是保障学生培养质量的根本。在长期的教学科研中，专职教师拥有较为扎实、完善的理论知识体系，通过建立有效的团队合作机制，在发挥教师各自的学习专长的基础上，促进教学研讨和教学经验交流，开发教学资源，推进实验实践教学工作的老中青相结合，保证实验实践教学改革的有效推进。

2. 实验实践教学工作中的核心问题

在实验实践教学工作中还存在以下要解决的核心问题：部分教师教学内容空洞，实验实践教学水平低下；部分教师理论水平高，而实践经验不足；学校教育与社会需求脱节；学生实践操作能力较差，动手能力不强的问题；税务机关实践经验丰富，而理论层次不高；税务机关税收宣传范围面窄。这些实验实践教学问题的关键是理论与实践的脱节。理论与实践的脱节是财经类高校在本科教学体系中存在的通病。现有的开设课程更多的是有关理论层面，而对于实务课程涉及的相对较少；教学的内容和时代要求脱节，两者之间的差距很大，学生所学很难满足社会对其的要求；课程教学和职业道德教育联系不够紧密，对职业道德教育重视不够。

就理论与实践脱节的问题，经济学院采取了以下措施。一方面，采用理论与实践相结合的研究方法。通过“专业教师出校园，税务干部进课堂，税务干部带实习”的实验实践教学模式改革。从学生层面讲，实现了认识已知与探索未知的结合，实现学校教育和社会教育的结合。从教师层面讲，实现了教学活动与科研活动的有机统一。从税务机关层面讲，实现了把原先实践经验逐步提高到理论高度的层次。另一方面，采用专业性与综合性认知相结合的研究方法。在课堂学习阶段通过专业教育将财税基本理论知识教授给学生，在实践环节，通过“税务干部进课堂”“税务干部带实习”提升学生的专业实践能力，最终达到对学生的知识、能力、素质全面培育的目标。

10.2　贵州财经大学经济学院校企协同加强社会实践的做法

经济学院税收学专业牢记学校服务地方社会经济的办学宗旨，秉承培养“儒魂商才”的人才培养目标，积极探索实验实践教学方法，创新人才培养新模式。税收学专业充分利用校内外资源，整合形成了具有鲜明特色的“一出两进”实验实践教学体系。“一出两进”实验实践教学既是对教学方法和手段的探索，又是对实验实践教学体系的创新；既能鼓励教师“走出去”，又能吸引优秀资源“走进来”；既能够提高教师的教学水平，丰富教师的教学内容，还能够提高学生的学习积极性，培养学生的创新创业能力、动手操作能力和协调沟通能力；既可以宣传学校、学院和专业，又可以提高相关业务部门的综合业务水平和素质，达到“合作多赢、资源共享”的优良效果，受到了相关业务部门、相关高校的肯定和重视。

1. “一出两进”系列实验实践教学介绍

“一出两进”系列实验实践教学是经济学院税收学专业与贵安新区国税局就实验实践教学进行的探索和尝试。具体而言，“一出两进”包含“一出”“两进”两个方面，即在与税务机关的深度战略合作的基础上，“一出”的主体即专业教师通过采顶岗实习、税收业务培训、课题合作、业务咨询等方式走出校园，融入经济社会发展，促进了税务机关和学校的良性互动，一方面，提高教师的实验实践教学水平，丰富了教师实验实践教学的内容和案例，另一方面，发挥了自己的理论特长，为地方税务机关效率的提高及地方税收和经济发展提供了财税政策支持。“两进”的实施主体是税收学专业本科生，把税务机关中职业道德高尚、业务技能强、综合素质好的工作人员引进实验实践教学环节，实施“税务干部进课堂”“税务干部带实习”，使税务干部在课程实验实践教学、认知实习、专业实习和毕业实习中全方位地参与学生的成长，一方面可以为学生的职业规划进行指导，另一方面也可以提高学生的实操技能、创新能力、沟通协作能力等。“一出两进”实验实践教学改革的探索实质上是结合社会对人才的质量需求、学校发展目标和宗旨的定位及税收学专业的培养目标，将税务机关、高校教师及学生三者联合起来，探讨能够保证三方均获益的最优合作方案，最大限度地体现个性化、特色化及综合性。

2. “一出两进”实验实践教学改革拟解决的问题

1）关注绿色城镇化需求，明确财经类高校应用型本科定位，致力于培养高素质复合型应用人才，构建灵活的实验实践教学模式。首先，通过对其他院校进行调研，可以发现目前实验实践教学在教学项目设计与选择上仍主要由校内教师负责，与财政部门、税务部门的实际工作有较大的脱节，不能较好地培养学生的动手能力和解决问题能力，很容易导致人才培养过程中重理论而轻实践，与贵州财经大学办学宗旨和人才培养目标相悖，因而实践教学项目缺乏目的性和系统性。财税学专业“一出两进”实验实践教学模式改革的首要目标是整合校内资源和税务机关资源，构建一个完整的实践教学体系。一方面，在实务性较强的税务专业课程，如“纳税检查”“专业高峰课程”“国际税收”“税法”中聘请税务机关工作人员担任“课程实验指导教师”，根据教学的实际需要，承担每门课程 2～10 课时的教学任务，教学重点集中在案例、实践操作和程序操作上。另一方面，将在一线工作且经验丰富的财税干部聘请为“校外实习指导教师”对学生三大实习（认知学习、专业学习及毕业实习）进行一对一指导，同时财税部门负责开放非涉密岗位，安排财税专业本科学生三大实习实践，最终满足不同年级、不同学习阶段学生的实习要求。

2）提升税务干部税收理论素养与教师实践能力。通过对税务部门调研与座谈发现，税务干部一线工作经验丰富，面对纷繁复杂的涉税问题应对自如，但缺乏系统的财税理论知识，因而在领会国家财税政策方面有所欠缺。而服务地方经济又是贵州财经大学的办学宗旨，为此经济学院财税系与地方财税系统构建校税深度合作、紧密结合，优势互补、共同发展的合作机制。尤其是与税务部门合办税收论坛和纳税人学堂、税务干部专业培训、共建法治税务教育示范基地等项目，提升税务干部队伍专业素质能力。此外，近年来，毕业后充实到教师岗位的年轻教师均是从院校到院校的，缺乏一线基层工作的实践锻炼，部分教师的实践操作能力、实际分析和解决问题的能力有待提升，不能很好地满足贵州财经大学人才培养的需要，为此，通过校税合作，教师到财税部门进行轮岗与实习，参与一线工作实践，同时根据教学任务及课题计划与财税部门合作开展调研，实现教学相长，提升教师理论与实践能力。

3）构建科学的实验实践课程考核与激励机制。以往的考核方式不科学、体系不健全，唯有通过综合的、科学的及系统的评价体系才能完成。依据现有宏观层面《普通高等学校本科教学工作水平评估方案（试行）》并结合本专业实际，制定“税务干部进课堂、税务干部带实习”相应的实验实践课程考核与激励机制，在每学期对课程实验指导教师进行考核。其中考核由 5 个部分组成，分别是学生评教、校内专业教师评教、学院评教、税务机构评教及自我评教，比重分别为 60%、10%、10%、10%、10%。学年结束后，结合两个学期的综合考评结果，以聘任人数的 20%评选出“院级优秀课程实验指导教师”。“一出”的专业教师，税务部门和相关单位也会对教师的实践情况、科研情况和业务咨询培训情况进行评价。考核与激励机制的建立，提高了教师、学生和税务部门的积极性，有利于“一出两进”实验实践教学模式的进一步开展。

“一出两进”实验实践教学模式改革如图 10-1 所示。

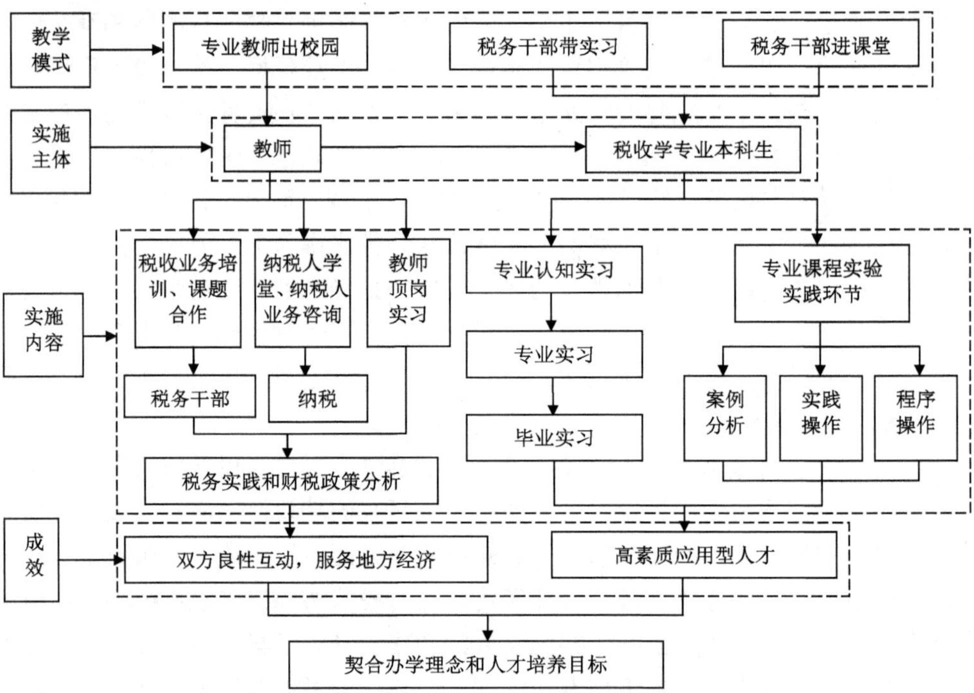

图 10-1　“一出两进”实验实践教学模式改革

3. 实验实践教学改革成果的特色

1）创新校企协同育人的目标机制和规划机制。在培养人才过程中，贵州财经大学提高社会需求关注度，时刻关注地方经济发展和绿色城镇化建设需求，深入调查和分析城镇企业、行业的发展现状和趋势，以及就业结构变化。根据绿色城镇化建设要求和产业调整需求，集中优势资源用于技术技能型应用人才培养。以应用为导向，针对学科知识发展和经济发展的实际及时对教学的主要内容进行修订，制订严格的实验实践教学大纲实习计划，并认真落实。引入需求因素，探索学校教育和社会教育的有机结合。在人才培养过程中，学校可以看作供给方，用人单位可以看作需求方。由于双方在教育观念、信息发布等方面的原因，可能会有需求方的具体需求得不到供给方满足的情况。“一出两进”实验实践教学改革充分重视需求方（如税务部门和企业纳税人）在人才培养方面的具体要求，搭建供求之间的信息交换平台，一方面引入需求方（如税务部门）的实践经验进入学校课堂教学和实验实践教学中，另一方面促使教师走出校园参与社会实践，丰富实践经验，从而使学校教育的优势和社会经验的优势得到充分结合。

2）构建科学的实验实践课程考核与激励机制，平衡校企利益分享机制。结合本专业实际，专业教师在每部分工作结束后，税务部门和相关单位会对教师的完成情况进行评价，以税收学“一出两进”实验实践教学模式为试点，出台相关教师轮岗制度作为年度考核的依据，使教师的理论与实践有效结合。通过“一出两进”实验实践教学的开展，充分发挥学校理论层面和税务部门实践层面的优势，双方在合作中各取所需，互惠共赢。合作共赢的机制不仅是双方开展长期深入合作的前提，也是开展“一出两进”实验实践教学的保证。

3）健全校企协同育人过程控制机制和质量评估机制，建立顺畅的校企沟通协调机制，打造多环节全覆盖的实验实践教学体系。以往的实验实践教学零星分布在各个课程教学中，教学内容零散，教学手段单一，教学体系不完善，学生实操能力的提高受到很大限制。“一出两进”实验实践教学以课堂实验为点，聘请税务部门优秀师资担任“课堂实验指导教师”，从基础的税法到税收管理、税务稽查、涉税风险等方面形成课堂实验的“主线”。各线串联起来，纳入专业实习和毕业实习的检验，聘请税务部门优秀师资担任“校外实习指导教师”，形成实验实践教学的“面”。“点一线一面”的逻辑结构，形成了多环节全覆盖的实验实践教学体系。

4. 实验实践教学改革的创新点

（1）实验实践教学改革的理论创新

“一出两进”实验实践教学充分整合学校和税务部门的优秀资源，侧重研究高校税收学专业人才培养和教育教学中实验实践教学的模式和体系问题，在尊重教学规律的前提下，充分激发学生的学习兴趣和积极性，培养学生的实践能力、创新能力、沟通协调能力，为培养高素质应用型本科税务人才做出尝试。

（2）实验实践教学改革的实践创新

1）教学模式的创新。以往的实验实践教学由学校专业教师主导进行，而“一出两进”实验实践教学的参与者既有学校的专业教师，又有税务部门的优秀人才。这种模式的创新有利于提高学生的学习兴趣，丰富教学内容，提高人才培养质量，提升教师教学水平，提升专业的知名度，促进学校与相关业务部门的联系。

2）实施方法的创新。实验实践教学不仅仅是案例、计算机程序，更多的是经验、方法和思维。“一出两进”实验实践教学摒弃了以往单纯的案例分析、上机操作，采用了案例研讨、头脑风暴、实地调研等多种方法，不仅给学生传授知识，也帮助学生在实务中学会思考，积累经验，从而创新了税收学实验实践教学方法。

3）实施过程中的约束机制和激励机制并行的创新，提高双方参与实验实践教学的积极性。学生、教师和税务部门在“一出两进”实验实践教学中形成了互相约束、互相监督和互相激励的机制。例如，学生的课程综合成绩中的实验实践板块，聘请的“课程实验指导教师”要进行评分，学生的实习成果要经过税务部门认可，税务部门每年要进行一次“优秀实习生”评选；教师顶岗实习、咨询培训和课题调研的成果需要税务部门进行验收和评价；“课程实验指导教师”“校外实践指导教师”要接受学生的打分，并且评选优秀“课程实验指导教师”和优秀“校外实践指导教师”等。

10.3　贵州财经大学经济学院校企协同加强社会实践的成果

结合绿色城镇化对经济财税人才的需求，经济学院通过“一出两进”实验实践教学改革将税务机关、高校教师及学生结合起来，探讨三者互赢互利的最优合作方案。

1. 实验实践教学改革取得的理论成果

1）全面构建财税专业实践实验课程体系。针对以往实验实践课程设置不合理、实践教学在整个课程结构中所占比重较低及专业实践教学课程脱离实际等问题，经过一年的努力，贵州财经大学财税专业“一出两进”实验实践教学模式改革的首要目标是构建一个完整的实践教学体系，把系统化、全局化的实验实践教学课程嵌入财税专业的教学计划中，确立实践教学体系应有的地位。

2）理论与实际相结合，促进经济学院实验实践方面科研能力提升。财税专业“一出两进”实践教学取得一批成果，通过校税合作完成了各类的实验实践课题研究报告，完成财政学专业教育指导委员会 2015 年重点项目子课题项目“地方财经类院校财政学类专业课程设置与就业导向问题研究”，公开发表学术论文《“税法”课程教学范式改革的实践与探索》，并受邀参加 2015 年 10 月在山东财经大学召开的“全国高校财政学实验实践教学研讨会”并进行大会发言和交流。这些科研成果反过来又极大地丰富了贵州财经大学经济学院财税专业的实验实践教学课程，同时理论教学、实验实践教学及科研有机结合起来，最终实现实践教学质量的提高。

2. 实验实践教学改革取得的实践成效

1）提高教师的实验实践教学水平，丰富教师教学内容和案例。专业教师走出校园，走入社会，走入税务实践部门，走近纳税人，通过顶岗实习、课题合作、业务咨询、业务培训等方式，把理论知识带入实践中检验，并且在实践中不断夯实理论结构。专业教师这种“接地气”的方式，不仅让专业教师切身认识到社会上需要怎样的税务人才，从而促进教师转变教学观念，不断提高教学水平和改变教学方法，还能够收集最前沿和来自一线的教学案例和教学内容，对理论讲授进行有效补充。

2）提高了学生的实操能力，实现了学校教育和社会教育的有机结合。借助税收学专业背景优势，学校加强和财政税务等相关部门联系，以税法宣传和实践为契机，对学生进行课程实验指导和课外实习实践指导，让学生实地把握或熟悉当前税收的热点和难点，切实从税务机关角度和纳税人角度进行实践和理解税收，即从税务机关这一端分别熟悉税收征管、税务稽查、纳税服务、税收法规等，从纳税人这一端分别熟悉报税流程、税收风险等，增强实践教学效果，不断提高学生的实践操作能力。

3）提高税务机关综合业务水平，树立业内服务品牌。从提高税务机关工作效率，强化税收征管工作看，电子商务的出现对传统的征税方式和税收制度产生了巨大的冲击，面对日益增多的纳税人，迫切需要按照市场经济规则，实行依法征税和强化管理。税务管理部门要适应社会经济的发展，提高其税收征管水平，必须有一支高素质的现役征管队伍和后备人才队伍。而贵州省现有税务管理人员专业素质、学历层次和人员数量都不能够满足有效进行税务管理的要求。若实现税务机关与高等院校对口专业联合发展的模式，高校将专业人才输送到税务管理部门，既可以解决当前税务部门后备人才不足的问题，又可以提高税务管理人员整体专业素质。

3. 实验实践教学改革成果的推广应用效果

1）税务部门对“一出两进”的双赢合作模式抱有浓厚兴趣，因此，目前经济学院与贵阳市地税局、遵义市地税局正在就以“一出两进”为核心的战略合作协议进行酝酿和协商。

2）“一出”的经验和模式可以在校内经管、法学、广告、新闻等大部分专业开展，从而进一步提高教师的实验实践教学水平。“两进”经验和模式可以在相关专业进行推广，如引入财政部门、政府采购部门等相关机构的优秀工作人员，开展财政专业的“两进”系列实验实践教学。

3）“一出两进”实验实践教学是财政学类综合改革项目的子项目“实验实践教学模块”的有机构成，是贵州财经大学税收学专业的实验实践教学亮点，为国内高校实验实践改革做出了有益的尝试。

4. 贵安新区国税局在“一出两进”中的贡献

贵安新区国税局积极与经济学院及相关负责教师沟通，在双方“一出两进”的探索中，主要贡献有以下几个方面。

1）为提供学生三大实习的机会，并按学生的专业特长对学生进行岗位设置，如把亲和力强的学生安排在征收服务大厅，把沟通能力强的学生安排在纳税服务团队，把写作能力强的学生安排在人事团队，把业务能力强的学生安排在稽查团队等。

2）提供一对一的校外实习指导教师。根据岗位设置和学生的个体情况，贵安新区国税局安排了业务素质过硬、职业道德高尚的人员成为一对一的校外实习指导教师，既关心学生的实际操作能力的培养，又关心学生的职业生涯规划。

3）提供校内“课程实践指导教师”。为配合学校实验实践教学的要求，开展“税务干部进课堂”系列活动，选拔了一批职业道德高尚、业务技能过硬、综合素质较高的税务干部成为“校内实践指导教师”，这些教师分别在“税法”“国际税收”“专业高峰课程”中“登台亮相”，把最新的实务操作和热点动态带进课堂。

4）提供教师轮岗实践的平台。进入学校工作的教师在贵安新区国税局进行了“金税三期”的业务实操培训，大大提高了教师的实操技能。

5）提供教师与纳税人直接接触的渠道。专业教师分别通过“纳税人讲堂”纳税人亲密接触，为纳税人在税收风险、保税区知识等方面提供咨询和建议，丰富了教师的教学内容。

经济学院充分发挥学科和专业优势，在坚持学校办学理念和办学宗旨的基础上，开辟税收学专业为行政部门输送人才，为市场经济及私人部门服务，为企业发展服务的新领域，走人才培养模式创新之路，探索了“一出两进”的实验实践教学新模式。经济学院校企协同加强社会实践取得了一定的成果。但是针对如何提高教师的教学水平、丰富教师的实验实践教学内容，如何使教师的理论知识能够更贴近实际，如何推动实验实践教学的发展，如何适应市场经济需要培养社会急需人才，专业培养目标和培养手段如何体现学校人才培养的定位等问题，实验实践教学改革需要进一步深化和完善。实验实践教学主要覆盖部分实操性较强的课程实验板块、三大实习板块。实验实践教学环节应拓宽至大部分专业课板块和学生的课外活动板块（如举办学科竞赛等课外活动），从而能够更加突出地体现实验实践教学在学生培养全环节的全覆盖。一方面，如何进一步深化“一出两进”的合作方式。目前，“一出两进”的合作虽然经过了几年的实践，但是还需要进一步提炼合作方式，把现有合作方式整合为常规性合作和重点合作两大类。常规性合作是每年每个年级都会固定进行的实验实践教学，如每年 3 月的专业认知实习和毕业实习，6～8 月的专业实习，春秋两季的“税务干部进课堂”等。常规性合作可以用“一出两进”日程表的进行在年初下发。重点合作是每年根据税收热点和税收学专业发展的阶段性特征进行的一个重点方向合作系列。例如，根据每年 4 月税收宣传月的内容，确定 4 月校园税收的宣传活动和 5 月的学科竞赛活动；根据国家税务总局的要求确定的每年的培训、科研和咨询重点课题等。另一方面，如何适当扩宽“一出两进”合作单位。目前，“一出两进”合作单位主要是贵安新区国税局，实验实践教学代表了国税机关，但是税收学专业的实验实践教学除了国税端以外，还有企业端、地税端和中介端。因此，以后“一出两进”的重点将会放在企业、地税和税收中进行协商和洽谈，秉承双赢的合作理念，搭建完整的税收学专业“一出两进”实验实践教学体系。经过实践的检验，学生、教师和企业对“一出两进”实验实践教学的评价和反馈将会直接形成代表性的成果。“一出两进”实验实践教学的深入讨论则会形成教师的教改项目、教改论文和对外交流。

本章小结

本章主要阐述了贵州财经大学校企协同育人方面的思考与实践，体现了贵州财经大学经济学院在进行校企协同育人实践过程中坚持理论与实践相结合，并且在立足贵州省发展实际的基础上，结合经济财税专业的特点，探索出了符合经济财税人才培养规律的“一出两进”系列实验实践教学模式，促进了实用型人才的培养。

参考文献

埃比尼泽·霍华德，2000．明日的田园城市[M]．金经元，译．北京：商务印书馆．

爱弥尔·涂尔干，2003．教育思想的演进[M]．李康，译．上海：上海人民出版社．

奥尔特加·加塞特，2001．大学的使命[M]．徐小洲，陈军，译．杭州：浙江教育出版社．

蔡朝旦，2014．财务管理型经济学专业人才本科生导师制培养模式探索[J]．教育教学论坛（05）：212-213．

陈桂良，2008．高职院校校企合作的问题及其思考[J]．黑龙江高教研究（11）：87-89．

陈美君，2016．校企合作协同育人的研究与实践[J]．当代教育论坛（03）：88-92．

陈廷柱，姜川，2009．阿特巴赫教授谈中国建设高等教育强国[J]．大学教育科学（02）：5-8．

陈萦，2009．应用型本科院校校企合作模式的调查研究[J]．高校教育管理（06）：42-48．

陈永国，2005．新型工业化与新型城市化协调推进的逻辑[J]．技术经济（09）：12-15．

成德宁，2000．城镇化与经济发展研究[D]．武汉：武汉大学．

戴本博，1990．外国教育史（中）[M]．北京：人民教育出版社．

德内拉·梅多斯，乔根·兰德斯，丹尼斯·梅多斯，2013．增长的极限[M]．李涛，王智勇，译．北京：机械工业出版社．

第九届全国人民代表大会第四次会议，2001．中华人民共和国国民经济和社会发展第十个五年计划纲要[EB/OL]．（2001-03-19）[2017-05-15]. http://www.npc.gov.cn/wxzl/gongbao/2001-03/19/content_5134505.htm.

董凌波，2017．日本城镇化进程中的教育变革及启示[J]．当代经济管理（04）：85-89．

董战峰，等，2014．中国新型绿色城镇化战略框架研究[J]．生态经济，30（02）：79-82，92．

范进，赵定涛，2012．土地城镇化与人口城镇化协调性测定及其影响因素[J]．经济学家（05）：61-67．

方向阳，2003.校企合作的内涵与模式[J]．职教论坛（01）：29-30．

冯奎，贾璐宇，2016．我国绿色城镇化的发展方向与政策重点[J]．经济纵横（07）：27-32．

高晓娜，2016．政府垄断供应、土地结构错位与福利损失[J]．贵州财经大学学报（06）：7-16．

辜胜阻，1993.非农化及城镇化理论与实践[M]．武汉：武汉大学出版社．

管仲军，2011．关于英国高等教育的思考与启示[J]．北京教育（高教）（11）：77-79．

H. 哈肯，1981．协同学导论[Z]．张纪岳，郭治安，译．西安：西北大学科研处．

H. 哈肯，1989．高等协同学[M]．郭治安，译．北京：科学出版社．

郝志强，2011．美国促进职业教育校企合作的管理机制探析[J]．职教通讯（15）：29-34．

何仕，2014．当代中国大学生就业的经济学研究：以福建省高校毕业生就业为例[M]．杭州：浙江大学出版社．

何郁冰，2012．产学研协同创新的理论模式[J]．科学学研究，30（02）：165-174．

洪银兴，安同良，2015．产学研协同创新研究[M]．北京：人民出版社．

洪贞银，2010．高等职业教育校企深度合作的若干问题及其思考[J]．高等教育研究，31（03）：58-63．

胡若痴，2014．我国新型城镇化进程中的高等教育发展探析[J]．国家教育行政学院学报（10）：38-42．

胡璋建，2009．应用型人才培养新论[M]．北京：中国社会科学出版社．

黄福涛，2003．外国高等教育史[M]．上海：上海教育出版社．

黄旭，2003．依托行业校企合作培养高级技术应用型人才[J]．中国职业技术教育（06）：28．

黄肇义，杨东援，2001．国内外生态城市理论研究综述[J]．城市规划（01）：59-66．

贾钢涛，潘建红，2006．德国高等职业教育“双元制”模式的特点与启示[J]．科技创业月刊，19（09）：137-138．
菅利荣，2012．国际典型的产学研协同创新机制研究[J]．高校教育管理，6（05）：6-11，32．
金子元久，2007．高等教育的社会经济学[M]．北京：北京大学出版社．
L. 迪安•韦布，2010．美国教育史：一场伟大的美国实验[M]．陈露茜，李朝阳，译．合肥：安徽教育出版社．
荆伟，2012．校企合作的内涵和模式分析[J]．管理观察（26）：53-54．
蕾切尔•卡森，2015．寂静的春天[M]．吕瑞兰，李长生，鲍冷艳，译．上海：上海译文出版社，北京：中国青年出版社．
李国强，2014．德国科学评议会指出职教和高教应共同支撑创新能力发展[J]．世界教育信息（20）：72．
李明泽，2014．中国绿色城镇化发展研究：以中证绿色城镇化指数为视角[J]．社科纵横，29（11）：49-51．
李其龙，孙祖复，1995．战后德国教育研究[M]．南昌：江西教育出版社．
理查德•雷吉斯特，2005．生态城市伯克利：为一个健康的未来建设城市[M]．沈清基，沈贻，译．北京：中国建筑工业出版社．
林毅夫，2001．经济学研究方法与中国经济学科发展[J]．经济研究（04）：74-81．
刘传江，2004．城镇化与城乡可持续发展[M]．北京：科学出版社．
刘登强，王欢欢，2016．新型城镇化背景下人口城镇化问题及对策[J]．统计与决策（02）：109-111．
刘敦虎，2015．产学研创新联盟知识转移机制及运行效果的实证研究[M]．北京：科学出版社．
刘建圻，等，2014．论国外校企合作机制的发展现状[J]．大学教育（01）：14-15．
刘兰青，魏金科，2010．关于高职院校校企合作模式的几点思考[J]．中小企业管理与科技（下旬刊）（07）：164．
刘平，张炼，2007．产学研合作教育概论[M]．哈尔滨：哈尔滨工程大学出版社．
刘文华，夏建国，易丽，2014．论应用技术大学的高等教育属性[J]．中国高教研究（10）：89-92．
刘欣，2005．高职产学研结合特色定位与运作模式[J]．中国职业技术教育（02）：48-50．
刘易斯•芒福德，2005．城市发展史[M]．宋俊岭，倪文彦，译．北京：中国建筑工业出版社．
罗伯茨，2000．风险投资及运行机制[M]．北京：北京大学出版社．
罗国莲，2013．加拿大、英国、澳大利亚校企合作的经验及启示[J]．合作经济与科技（17）：102-103．
吕岚，2016．美国高等教育发展对我国创建世界一流大学的启示[J]．人民论坛（14）：253-255．
马世骏，王如松，1984．社会-经济-自然复合生态系统[J]．生态学报，4（01）：3-11．
马卫华，许治，2010．我国高校产学研合作现状与特点[J]．科技管理研究，30（23）：109-113．
马修•卡恩，2008．绿色城市：城市发展与环境[M]．北京：中信出版社．
迈克尔•吉本斯，等，2011．知识生产的新模式：当代社会科学与研究的动力学[M]．陈洪捷，沈文钦，译．北京：北京大学出版社．
麦可思研究院，2010．2010 年中国大学生就业报告[EB/OL].（2010-06-02）[2017-08-25]. http://www.docin.com/p-1411113699.html.
麦可思研究院，2017．2017 年中国大学生就业报告[EB/OL].（2017-06-14）[2017-11-12]. http://www.sohu.com/a/148922684_253609.
南方周末，2014. 各省市高校数量比较：39 所“985”北京揽 8 所 河南河北吃零蛋[EB/OL]. (2014-05-21)[2017-05-21]. http://learning.sohu.com/20140820/n403602703.shtml.
倪春丽，李玉春，2012．新加坡 NYP“教学工厂”的十大特色[J]．人力资源管理（06）：207-208．
牛文元，2009．中国新型城市化报告 2009[M]．北京：科学出版社．
帕特里克•格迪斯，2012．进化中的城市：城市规划与城市研究导论[M]．李浩，等，译．北京：中国建筑工业出版社．

潘丽娟，2001．从双重制到单一制：英国高等教育发展趋势透析[J]．上海教育（15）：62-64．

浦善新，2006．走向城镇化：新农村建设的时代背景[M]．北京：中国社会出版社．

钱书法，崔向阳，2012．基于创新教育的地方财经类高校经济学人才培养模式改革与探索[J]．中国大学教学（03）：36-38．

钱颖一，2002．理解现代经济学[J]．经济社会体制的比较（02）：1-12．

秦旭，陈士俊，2001．美英产学研合作教育的经验及其启示[J]．科学管理研究，19（03）：78-82．

人力资源和社会保障部，教育部，2016．关于实施高校毕业生就业创业促进计划的通知[Z]．人社部〔2016〕100 号．

人民网，2017．中国教育指数 2016 发布 新增绿色指数[EB/OL].（2017-30-20）[2017-10-20]. http://edu.people.com.cn/n1/2017/0302/c1053-29119215.html．

上海财经大学，2014．上海财经大学经济学教育改革十年磨一剑[EB/OL].（2014-07-16）[2017-07-15]. http://www.sohu. com/a/111914471_407313．

上海财经大学，2014．上海财经大学与证大财富合作暨捐赠签约仪式在我院隆重举行[EB/OL].（2014-07-28）[2017-06-07]. http://cob. sufe. edu. cn/IMBA/Detail/4720.

盛立强，2012．澳大利亚 TAFE 学院校企合作的经验与启示[J]．市场论坛（08）：62-63．

施岳群，庄金锋，2007．城镇化中的都市圈发展战略研究[M]．上海：上海财经大学出版社．

石静，等，2012．“政校行企外”五方联动合作办学体制机制探索[J]．职业技术教育，33（32）：55-58．

石忆邵，等，2008．国际大都市建设用地变化特征、影响因素及对上海的启示[J]．城市规划学刊（06）：32-39．

宋涛，郭迷，2015．城市可持续发展与中国绿色城镇化发展战略[M]．北京：经济日报出版社．

苏贵光，路迹，2004．日本产业政策的演变及对我国的启示[J]．国际经济合作（07）：14-16．

孙文英，曾煜，2016．促进绿色城镇化与绿色产业协同发展对策研究[J]．问题研究（08）：66-69．

索凯峰，盛玮，2014．校企合作育人困境分析：基于组织社会学的阐释[J]．高校教育管理，08（01）：54-58．

田国强，2015．经济学在中国的发展方向和创新路径[J]．经济研究（12）：13-16．

托马斯•弗里德曼，2006．世界是平的[M]．3 版．何帆，肖莹莹，郝正非，译.长沙：湖南科学技术出版社．

托马斯•莫尔，1982．乌托邦[M]．戴镏龄，译．北京：商务印书馆．

王斌，2012．美国校企合作模式研究综述[J]．东方企业文化（12）：187．

王翠华，2011．高职校企合作的长效机制[J]．教育与职业（35）：14-16．

王全旺，2010．高职教育与劳动力市场需求协调发展研究[D]．天津：天津大学．

王如松，2001．系统化、自然化、经济化、人性化：城市人居环境规划方法的生态转型[J]．城市与区域生态国家重点实验室，01（03）：1-5．

王善迈，1996．教育投入与产出研究[M]．石家庄：河北教育出版社．

王素君，吕文浩，刘阳，2015．校企协同育人的机制和模式研究[J]．现代教育管理（02）：57-60．

王祥荣，2001．论生态城市建设的理论、途径与措施：以上海为例[J]．复旦学报（自然科学版），40（04）：349-354．

魏后凯，张燕，2011．全面推进中国城镇化绿色转型的思路与举措[J]．纵横经济（09）：15-19．

魏所康，2004．培养模式论[M]．南京：东南大学出版社．

吴蕙卿，2014．常州市政府推进高职院校校企合作的现状、问题和对策[D]．苏州：苏州大学．

武毅英，朱淑华，2011．美国高等教育由大变强的特征及启示[J]．现代教育管理（03）：109-113．

夏鲁惠，2013．我国地区高等教育与经济社会协调发展分析[J]．中国发展观察（11）：43-45．

夏鲁惠，于今，2011．中国高等教育区域发展报告[M]．北京：国家行政学院出版社．

夏之莲，1999．外国教育发展史料选粹（上）[M]．北京：北京师范大学出版社．

谢冬，2012．加拿大产学合作的经验及启示[J]．继续教育研究（09）：179-181．

谢冬，盛立强，2011．双主体作用：企业在高技能人才培养和使用中的角色定位[J]．中国成人教育（19）：128-130.

谢献忠，等，2010．中美产学研合作教育的比较研究及启示[J]．煤炭高等教育，28（06）：39-42.

谢绪磊，李智，2011．试析德国大学的“工学结合”与“校企合作”[J]．现代企业教育，393（22）：159-161.

许霆，2012．论校企协同的机制创新[J]．教育发展研究（17）：64-69.

徐溢，2014．建立产学研协同创新机制的初步探讨[J]．时代报告（26）：264-265.

薛远登，张一方，2017．教育大众化背景下经济学专业个性化人才培养体系优化[J]．科教导刊（04）：46-47.

亚瑟·科恩，2010．美国高等教育通史[M]．李子江，译．北京：北京大学出版社.

杨爱君，2014．贵州工业化、城镇化与农业现代化互动发展问题研究[M]．贵阳：贵州科技出版社.

杨爱君，2016．论绿色城镇化进程中地方高校转型发展必要性[J]．知识经济（21）：16-17.

杨爱君，2016．绿色城镇化进程中地方高校转型发展路径选择[J]．高教学刊（20）：29-30.

杨明，赵凌，2014．大国教育战略研究：德国教育战略研究[M]．杭州：浙江教育出版社.

杨晓慧，2016．中国大学生就业创业发展报告（2013—2014）[M]．北京：人民出版社.

易峥英，2006．德国“双元制”校企合作的成功因素及其对我国的启示[J]．职业技术教育，27（17）：98-100.

俞仲文，2011．从让学校跟着企业走到让企业追着学校跑：谈高职院校改革发展的新任务[J]．科学咨询（03）：60.

约翰·杜威，2002．哲学的改造[M]．许崇清，译．上海：商务印书馆.

查建中，2009．中国工程教育改革三大战略[M]．北京：北京理工大学出版社.

张玲，2010．德国曼海姆双元制高等学院校企合作的特点及启示[J]．中国高等教育（04）：90-91.

张旭翔，王钧铭，2008．推进校企合作的实践与思考[J]．中国职业技术教育（01）：14-15.

赵峥，2011．中国城市化与金融支持[M]．北京：商务印书馆.

证券时报网，2007．教育部同意在贵州仁怀设立茅台学院：首批设置酿酒工程等专业[EB/OL]．（2017-05-26）[2017-07-30]. http://www. thepaper. cn/newsDetail_forward_1694627.

中国产业经济信息网，2016．中国第一个基于区块链的校企联合实验室成立[EB/OL].（2016-07-07）[2017-08-21]. http://www.cinic.org.cn/hy/zh/55392.html.

中国教育新闻网——中国教育报，2010. 北京化工大学校企合作培养本科生创新实践能力[EB/OL]. (2010-11-12) [2017-10-11]. http://www.jyb.cn/high/gdjyxw/201011/t20101112_399139.html.

中国就业网，2016. 国外校企合作有哪些亮点[EB/OL].（2016-04-21）[2017-10-01]. http://www.lm.gov.cn/TrainingSkillAccrenitaTion/content/2016-04/21/content_1173113.htm.

中华人民共和国教育部，2016. 2015 年全国教育事业发展统计公报[EB/OL]. (2015-07-06) ［2017-05-30］.http://www.moe.edu.cn/srcsite/A03/s180/moe_633/201607/t20160706_270976.html.

中华人民共和国住房和城乡建设部，2015．中国城市建设统计年鉴 2014[M]．北京：中国统计出版社.

SUZUKI H, etal., 2011．生态经济城市[M]．刘兆荣，朱先磊，译．北京：中国金融出版社.

FAPON F,1989.A transation cost analysis of innovation in the organization of pharmaceutical R&D[J]. Economical behavior and organization, 12（02）：197-213.

FENG D P, CHANG S H, HAU C S, 2011. From the manpower needs to explore the German dual system to face the Challenge of the industrial structure[C]. International conference on future computers in Education.

BERG L V D, et al., 1982. Urban Europe: A study of growth and decline[M]. Oxford:Pergamon Press.

MASAHIKO A, YUKO H, 2002. Industry-university cooperation to take on hereform[J]. Research institute of economy, trade and industry(04):42-49.

WRIGHT, F L, 1935. Broadacre city:a new community plan[J]. Architectural record(04): 243-254.

ZY